새로운 내가 되는 49일

아침에 쓰는
미래 일기

야마다 히로미, 하마다 마유미 지음/황세정 옮김

아침에 쓰는 미래 일기

1판 1쇄 발행 2022년 4월 22일
1판 3쇄 발행 2023년 11월 10일

지은이 야마다 히로미, 하마다 마유미
옮긴이 황세정

발행인 박주란
디자인 곰곰

등록 2019년 7월 16일(제406-2019-000079호)
주소 경기도 파주시 문발로 197 1층 102호
연락처 070-8957-7076 / sowonbook@naver.com

ISBN 979-11-91573-07-7 13190

49일 뒤,
당신에게 반드시 좋은 일이 일어납니다.

아침마다 3분 동안
하루에 한 장씩 꾸준히 일기를 써보세요.

• 먼저 오늘 날짜를 적습니다.
• 그런 다음 회색으로 인쇄된 글자 위를 정성껏 따라씁니다.
• 그리고 이번 주에 해당하는 주제와 관련해서
  나에게 일어났으면 하는 일을 과거형으로 씁니다.

이렇게 하기만 해도
여러분의 무의식에 존재하는 생각과 이미지가
여러분의 바람을 이루어주는 생각과 이미지로
서서히 바뀌게 됩니다.

자, 이제 아침에 쓰는 미래 일기로
새로운 하루를 시작해봅시다.

여러분의 앞날에 멋진 일이 일어납니다

만약 내가 적은 내용이 모두 현실로 나타나는 일기가 있다면 어떨까요?

모든 일이 술술 잘 풀리는 사람은 자신에게 일어났으면 하는 현실을 자유롭게 상상하고 계획합니다. 이처럼 생각이 현실화되는 것은 양자역학의 발전으로 점점 증명이 가능한 현상이라는 것이 입증되었습니다. 이제 여러분도 얼마든지 자신의 생각을 현실로 바꿔나갈 수 있습니다.

　이 책에서는 공동 저자인 두 사람이 직접 실천하며 깨달은 점을 바탕으로 쓰기를 통해 자연스럽게 배워나갈 수 있도록 정리한 《아침에 쓰는 미래 일기》를 소개합니다.

　정확한 원리를 알지 못하더라도 '실천 편'에 있는 문장들을 차근차근 따라 쓰기만 하면 생각이 현실화되는 영역으로 진입해 자신이 바라는 것을 현실로 만들어낼 수 있는 사람으로 나아갈 것입니다.

《아침에 쓰는 미래 일기》는 힘들고 어려웠던 상황을 어떻게든 좋은 방향으로 바꿔보려 고군분투한 과거의 경험에서 비롯했습니다. 프롤로그에 그때의 경험을 먼저 소개했습니다.

아침에 쓰는 미래 일기는 보통 우리가 적는 평범한 일기와는 방법이 다릅니다.

　　Chapter 1에서는 몇 번의 시행착오 끝에 깨달은 점들이 응축된 아침에 쓰는 미래 일기 작성법과 활용법의 핵심 내용을 소개합니다.

　　아침에 쓰는 미래 일기가 어떻게 그 내용을 현실로 만들어내는지, 그 이유에 대한 설명을 이해한다면 여러분도 실천해보고 싶은 마음이 들것입니다.

Chapter 2에서는 아침에 쓰는 미래 일기에 적은 내용이 현실화되는 이유와 근거를 과학적 연구 결과를 인용해 설명합니다.

　　아침에 쓰는 미래 일기는 책으로 출간하기 전까지, 원래 저자가 강연 등에서 사용해온 자료였습니다. 강연에 참석한 사람들에게 일어난 기적과도 같은 경험담을 온라인 모임에 공유했는데, 이를 보고 흥미를 느낀 사람들이 소책자를 만들어 아침에 쓰는 미래 일기를 적기 시작했습니다. 그리고 얼마 지나지 않아 자신들이 쓴 일기가 현실화되는 특별한 경험을 하기 시작했습니다.

Chapter 3에서는 아침에 쓰는 미래 일기를 실제로 써본 사람들의 경험담과 일기에 쓴 내용이 현실화되는 과정을 소개합니다.

마지막 '실천 편'에는 이 책의 핵심인 아침에 쓰는 미래 일기를 직접 쓸 수 있는 공간을 마련했습니다.

책에 실린 문장을 직접 따라 쓰고 여러분의 바람도 적을 수 있도록 했습니다. 반드시 끝까지 적어보시기 바랍니다. 여러분도 모든 일이 술술 잘 풀리고 소원이 이루어지는 사건을 경험해보길 바라는 마음입니다. 일기를 쓸 때는 좋은 기분으로 쓰는 것이 중요합니다.

여러분이 《아침에 쓰는 미래 일기》에 적는 내용은 당장 오늘부터 현실화되기 시작할 것입니다.

이 책을 선택해주신 여러분과 이 책을 만드는 데 도움을 주신 모든 분에게 멋진 일이 일어나기를 바랍니다.

차례

Chapter 1

오늘 일어났으면 하는 일은 무엇인가요?

소원을 현실로 바꾸는
일기 쓰는 법 051

Chapter 2
일기 효과가 나타나는 과학적 이유

뇌와 마음에 일어나는
7주간의 변화 069

Prologue

49일간 따라 쓰기만 하면 된다!

아침에 쓰는
미래 일기

계속 불어나기만 한 5억 원의 빚

●

빚 5억 원, 지갑에 있는 돈이라고는 만 원짜리 지폐 한 장과 동전 몇 개뿐. 이혼 후 무직 상태. 수입 없음. 일곱 살 어린 아들을 데리고 친정으로 돌아왔지만, 자리에서 일어나지 못하는 날이 이어졌습니다.

저에게는 고난과 역경을 이겨내려고 고군분투한 과거가 있습니다. 사실 인생이 나락으로 떨어진 그 순간에도 저 자신이 미처 깨닫지 못했을 뿐, 희망의 빛은 계속 비치고 있었습니다. 하지만 고개를 숙인 채 바닥만 보고 있던 저는 빛의 존재를 알아차리지 못했기에 다시 행복해지기까지 상당히 먼 길을 돌아가야만 했습니다.

그랬던 제가 고개를 들고 멀리 보이는 희미한 불빛을 향해 나아가기 시작한 것은 아침에 쓰는 미래 일기 덕분이었습니다.

아침에 3분 동안 일기를 쓰는 것만으로 어떻게 좋은 일이 계속 일어날 수 있을까요. 어떻게 엄청난 변화를 가져올 수 있을까요. 미래를 미리 쓰는 행동 하나가 어떻게 기적을 일으킬 수 있을까요.

그 점을 이야기하려면 먼저 아침에 쓰는 미래 일기가 탄생한 배경을 짚고 넘어가야만 합니다. 저에게 몹시 괴로웠던, 한동안 잊고 지낸 그 당시의 일을 말입니다.

매장 인테리어 및 시공 일을 하던 전남편은 의리를 중시했습니다. 설령 친구가 자신에게 사기를 쳤다 할지라도 결코 욕하지 않는 사람이었습니다. 그런 그의 착한 심성이 예상치 못한 결과를 초래했습니다.

어느 날 지인의 소개로 반찬 가게, 제과점, 참치 전문점 등 공사 비용이 수천에서 약 1억 원에 달하는 매장 공사를 의뢰받았습니다. 이렇게 짧은 기간 내에 공사를 세 건이나 소개받은 적도 처음이었고, 공사를 의뢰한 사람들도 전부 생각지도 못한 신규 고객이었습니다. 가게 사장들을 만나 이야기를 들어보니 뭐랄까, 마치 남의 일을 이야기하는 듯한 어색함이 느껴져 저는 진짜 그 사람들이 가게를 열 생각이 있는지 의심이 들었습니다.

왠지 모를 불길한 예감이 든 저는 전남편에게 "사람들도 수상쩍어 보이고 어쩐지 예감이 좋지 않으니 일을 맡지 않았으면 좋겠다"고 말했습니다. 하지만 전남편은 단지 예감이 좋지 않다는 이유만으로 일을 거절할 수 없다며 세 건의 공사를 모두 맡기로 했습니다. 그리고 그 결과, 사건이 터지고 말았습니다.

나중에 전해 듣기로는 그 당시 인테리어업자에게 허위로 공사를 의뢰하고 공사 견적서를 받아 은행에 융자를 신청한 다음, 융자금이 입금되자마자 공사를 진행하고 있는 업자에게 지불해야 할 공사 대금을 떼어먹고 도망가는 사기가 횡행했다고 합니다.

전남편은 운 나쁘게도 그런 사람들에게 감쪽같이 속은 것이었습니다. 저마다 절박한 사정이 있었는지는 모르겠지만, 가게 사장들은 모두 자취를 감추거나 연락을 끊고 말았습니다.

물건 하나를 살 때도 미리 돈을 착실히 모아서 사는 게 상식이었던 저였는데……. 어쩌다 수천만 원이 넘는 공사 대금을 떼어먹는 사람들과 얽히게 되었는지. 게다가 잘못을 저지르지도 않은 저희가 모든 뒷감당을 해야만 하는 현실을 맞닥뜨리자 그야말로 망연자실할 수밖에 없었습니다.

어디서부터 어떻게 해결해야 할지 알 수조차 없었습니다.

지갑에는 만 원짜리 지폐 한 장과 동전 몇 개뿐

세 건 가운데 유일하게 가게를 계속 운영하고 있던 반찬 가게에 있는 용기 없는 용기를 모두 쥐어짜 독촉 전화를 해보았으나 한번 들으면 기억할 정도로 목소리가 특이했던 그 여사장은 갑자기 음색을 바꾸며 이렇게 말했습니다.

"사장님이 지금 자리를 비우셔서요."

거짓말을 해서는 안 된다고 배웠을 텐데도 전화를 받은 그녀는 너무나도 태연히 거짓말을 했습니다. 마음속에서 분노가 폭발했지만, 그렇다고 공사 대금을 받을 방법이 있는 것도 아니었습니다. 분하고 억울하다 못해 속이 터질 것만 같았습니다.

저는 석양이 비치는 부엌에 앉아 그저 멍하니 냉장고만 바라보고 있었습니다.

마음이 급해진 저는 전남편에게 "청구서를 보내 봐라" "찾아가서 돈을 받아와라"라고 다그쳐보았지만, 전남편은 그런 제 말이 더 듣기 싫었는지 사기를 친 상대의 연락을 기다릴 뿐 아무것도 하려 들지 않았습니다.

그러다 보니 살림도 어려워지기 시작했습니다. 회사원으로 일하며 열심히 저축한 돈도, 열여덟 살 때부터 유지해온 보험도 전부 해약해서 공사를 맡은 업자들의 임금을 지급하고 나니, 남은 돈이라고는 만 원짜리 지폐 한 장과 동전 몇 개가 전부였습니다.

그러던 어느 날, 당시 유치원생이던 아들이 말했습니다.

"엄마, 수영 배우고 싶어요."

이제껏 생일과 크리스마스를 제외하고는 무언가 사달라고 졸라본 적이 없던 아이였습니다. 하지만 그런 아들의 부탁에도 한 달 학원비인 5만 원조차 수중에 남아 있지 않았습니다.

지금도 아들이 서투르게 수영하는 모습을 볼 때면 그 당시의 일이 떠오르고는 합니다.

"이혼해 줘. 제발 부탁이야"

'아무리 사기를 당했다고 해도 우리를 믿고 공사를 맡아준 업자들에게 임금만큼은 제대로 지급해야 한다'는 생각에 저는 가족과 친척들에게까지 돈을 빌리기 시작했습니다. 그때 빚을 진 일로 저는 가족과 친척들에게 골칫덩어리로 낙인찍혀버렸고, 그때 진 빚은 그 후 십수 년간 저를 괴롭혔습니다. 그것만으로도 부족했는지 남편은 자신뿐만 아니라 제 명의로까지 고금리 사채를 끌어다 쓰기 시작했습니다.

아무리 발버둥 쳐도 최악의 상황에서 벗어날 수가 없었습니다. 매일 돈 문제를 해결하느라 바빴던 저는 어느새 말도 웃음도 잃어버렸고, 제 몸도 서서히 망가져가는 것을 느꼈습니다. 어느 날 복부에 극심한 통증이 느껴져 급히 병원에 가보니 위에 구멍이 뚫려 있었습니다.

참다못한 저는 어떻게든 이 상황에서 벗어나고 싶었습니다.
"내 명의로 된 빚은 내가 책임질게. 이혼해 줘. 제발 부탁이야."
그렇게 전남편과 이혼한 저는 어린 아들을 데리고 친정으로 돌아왔습니다.
심신이 지칠 대로 지쳐버린 저는 몸조차 제대로 가눌 수 없어 누워 지내는 날이 많았습니다. 친정에 오자 어머니께서는 어린 손주에게 약간의 용돈을 주었습니다. 아들은 그 얼마 안 되는 용돈을 차곡차곡 모아 제 생일에 어른스러운 디자인의 샤프펜슬과 볼펜을 선물해 저를 놀라게 했습니다.

아들이 선물해준 특별한 노트

일을 할 수 있을 만큼 체력을 어느 정도 회복한 저는 일자리를 찾기 시작했습니다. 하지만 다달이 빚을 갚고 생활비를 해결할 수 있는 정도로 급여를 주는 곳은 주말과 공휴일에도 출근해야 하는 영업직뿐이었습니다. 남편과 이혼하고 친정으로 돌아오는 바람에 갑자기 아빠와 헤어지고, 갓 입학한 초등학교마저 옮기게 되어 여러모로 상처를 많이 받았을 아들. 그런 아들과 휴일에 함께 있어 줄 수 없다니 선뜻 결정하기가 어려웠습니다.

걱정하던 그 순간, 이유는 알 수 없었지만 저는 뜬금없는 자신감만으로 '그래, 창업을 하자'고 결심했습니다.

그동안 건축 회사의 의뢰를 받아 공간 디자인 및 상담 일을 하며 이 일을 통해 꿈을 이루고 싶었던 작은 바람도 생각났습니다.

온라인으로 업무를 처리하는 법이나 심리학 관련 공부도 하며 본격적으로 창업을 준비하던 어느 날, 어머니가 이렇게 말했습니다.

"이제 더는 너희를 돌볼 경제적 여력이 없구나. 게다가 너희가 이렇게 계속 친정에 있으면 네 남동생 결혼에도 지장이 있지 않겠니? 그러니 이제 나가 살았으면 좋겠구나."

여전히 빚 때문에 경제적 여유라고는 없는 상황이었습니다.

일도 이제 막 시작하는 단계인데, 왜 하필 지금 나가라고 하는지…… 아직 집을 나와 살 수 있을 만한 형편이 아니라는 걸 뻔히 알면서 그런 말을 꺼낸 어머니가 원망스러웠습니다.

그러던 어느 날, 당시 초등학생이던 아들이 저에게 노트 한 권을 선물했습니다. 평범한 대학 노트가 아니라, 표지에 투명 비닐 커버가 씌워진 제법 고급스러운 노트였습니다. 자주색 표지에는 '엄마에게 드리는 선물'이라는 글씨가 검은색으로 큼직하게 적혀 있었습니다.

"이 노트는 특별한 용도로 써야지."

저는 노트를 보며 아들을 꼭 행복하게 해주리라 굳게 다짐했습니다.

그래도 긍정적으로 생각할 수 있던 이유

그 후 다른 곳으로 이사하기로 과감히 결단을 내렸습니다. 챙겨야할 가구도 없어서 기본적인 짐만 작은 차로 두 번 실어 나르면 되겠다며 친구가 이사를 도와주었습니다. 가전제품을 살 돈도 없어세탁기는 친구들이 십시일반 돈을 모아 선물해주었습니다. 값싼

중고 냉장고에, 친구가 쓰지 않는 대형 브라운관 텔레비전을 얻어 왔습니다. 친구들의 도움으로 겨우 테이블과 의자 다섯 개가 포함된 세트를 10만 원에 구입하는 것만으로 새집에 필요한 살림을 마련할 수 있었습니다.

이사를 계기로 심기일전한 저는 앞으로 열심히 살아보자고 결심했지만, 그때는 빚이 5억 원으로 불어나 있는 상황이었습니다. 빚을 아무리 갚아도 이자가 자꾸만 불어나 원금이 조금도 줄어들지 않았다는 사실을 알아차리지 못했고, 변제금과 생활비를 메우기 위해 돈을 더 빌린 탓에 빚은 오히려 늘어나 있었습니다.

급기야 빌린 돈을 제때 갚지 못하는 지경에 이르자 독촉 전화가 걸려오고, 전화벨이 울릴 때마다 가슴이 덜컥 내려앉곤 했습니다. 결국 수중에 고작 20원밖에 남지 않았고, 전기 요금마저 두 달이나 연체하자 전기 회사에서 예고도 없이 두 차례나 전기를 끊어버렸습니다.
　　물론 요금을 내지 못한 제 잘못이었지만, 그때마다 업무 중에 저장하지 못한 데이터가 날아가버려 '전기를 끊기 전에 연락이라도 주면 좋잖아. 전기가 끊기면 전기 요금을 낼 돈을 벌 수가 없다고! 내 입장도 좀 생각해줄 수는 없나?'며 원망하고, 또 이런 원망을 하는 저 자신이 한심하게 느껴졌습니다.

하지만 그런 상황에서도 어떻게든 긍정적으로 생각하려고 노력했습니다.

저에게는 빌딩을 소유한 자산가 친구가 한 명 있었는데, 사람들이 일반적으로 생각하는 건물주의 이미지와 달리 그 친구는 당장 쓸 수 있는 현금이 없어 항상 힘들어했습니다. 그런 점을 떠올리면서 '나에게는 억만금을 주어도 살 수 없는 귀한 아들이 있어. 아들은 내가 가진 큰 자산이야. 단지 건물주인 그 친구처럼 당장 쓸 수 없는 것뿐이지' 하며 제가 소중한 것들에 가치를 매기며 상황을 긍정적으로 생각하려 애썼습니다.

'나에게 누군가가 "당신의 아이를 부디 양보해주세요"라고 한다면 과연 나는 얼마를 받아야 마지못해 승낙할까.'
'대기업의 회계 예산과 특별회계 예산을 모두 합친 금액이 300조 원이라 가정했을 때, 우리 아들이 그 금액의 1% 이상의 가치가 있을까.'

이런 식으로 실제로는 일어날 리 없는 터무니없는 상상을 하며 혼자 진지하게 계산해보고는 '우리 집에는 당장 현금화할 수 없는 3조 원의 자산이 있지'라고 생각하며 늘 여유로운 마음을 가지려 노력했습니다.

'생각이 정말 현실화될까?'
의심에서 시작한 일기

•

그 무렵, 저는 미미라는 새 친구를 만났습니다. 저와 비슷한 시기에 창업을 한 다재다능한 친구로, 제가 잘 모르는 일들을 할 수 있게 도와주었습니다.

지금도 운영 중인 블로그를 시작한 것도 이 친구가 기본부터 하나하나 가르쳐준 덕분이었습니다. 제가 처음 진행한 강연을 촬영해준 것도 이 친구였습니다. 친구는 제가 사업을 막 시작한 시기에도 "아는 사람이라고 싼 가격에 해줄 생각은 하지 말고 제값을 다 받아"하며 여러 번 일을 맡겨주었습니다. 제게 마치 공기처럼 자연스럽게 다가와준 그 친구는 천사가 아닐까 싶을 만큼 항상 저를 좋은 방향으로 이끌어주었습니다.

그러던 어느 날, 그 친구와 사업 방향이나 관심 분야 등에 대해 이런저런 대화를 나누다가 "나폴레온 힐의 저서《생각하라 그러면 부자가 되리라》를 보면 '모든 일은 상상한 대로 이루어진다'라는 구절이 있던데, 정말 그런지 우리 한번 확인해보지 않을래? 어떻게 확인할 수 있을까?"라는 이야기가 나왔습니다.

저와 친구는 "밤에 일기를 쓰듯 아침에 '오늘은 최고의 날이었다!'하고 그날 바라는 일을 미리 일기로 적어보자"라는 결론을 내리고는 정말 좋은 아이디어라며 좋아했습니다.

상상한 대로 이루어진다는 말이 사실이라면 아침에 쓴 일기 내용이 정말 그대로 이루어지는지 확인할 수 있을 거라 생각했습니다. 보통 어딘가에 적어두면 그 내용을 쉽게 잊어버리니까 그 생각에 사로잡혀 오히려 현재에 충실하지 못할 걱정도 없었습니다. 게다가 기분 좋은 일기를 쓰면 아침을 기분 좋게 시작할 수도 있으니 아무리 생각해봐도 여러 면에서 좋은 방법이었습니다.

친구는 더 나아가 "매일 이루어진 일만 따로 정리해서 서로 공유하자"라고 말했습니다.

그 무렵, 저는 열심히 하자고 결심했음에도 오랜 기간 지속된 경제적 어려움과 타인에 대한 불신으로 저도 모르게 자꾸만 생각과 말이 부정적 방향으로 흐르곤 했습니다. 총명했던 그 친구는 저를 몰아붙이거나 불편하게 하지 않으면서도 제 생각이나 말과 행동을 자연스럽게 긍정적 방향으로 이끌어주었습니다. 설령 의도적으로 한 행동이 아니었다고 해도 그 친구는 아마 직감적으로 그렇게 되리라 짐작했을 것입니다.

저는 아들에게 선물로 받은 그 특별한 노트에 일기를 쓰기 시작했습니다.

생각이 현실화되도록 일기 쓰는 법

다음 날부터 저는 일기에 적은 내용 가운데 실제로 이루어진 일을 친구와 공유하기 시작했습니다. 그 시간은 힘든 일이 많은 일상 속에서 진심으로 위로받는 소중한 시간이었고, 그 시간만큼은 저도 고된 일상을 잊고 마음 편히 즐길 수 있었습니다. 지금도 그때의 일들이 마치 조금 전에 일어난 일처럼 생생히 떠오르곤 합니다.

처음에는 간단한 것부터 적어보기로 했습니다. 예를 들어 '오늘은 시간이 촉박했지만 빈자리가 있어서 KTX 기차를 타고 부산까지 앉아서 편하게 갈 수 있었다'라는 식으로 말입니다.

그랬더니 얼마 지나지 않아 신기한 일이 벌어졌습니다. 전철을 탈 때마다 우연히도 빈자리가 있는 날이 많은 것입니다. 심지어 전철 안에 사람이 가득한 때에도 눈앞에 앉아 있던 사람이 갑자기 두고 온 물건이 생각난 건지 전철을 잘못 타기라도 한 건지 황급히 내려 빈자리가 생기는 일도 있었습니다.

이렇게 실제로 이루어진 일들을 친구와 서로 이야기하는 데 열중하다 보니 아침에 쓰는 미래 일기를 친구와 공유하는 일이 점점 즐거워졌고, 앞으로 또 어떤 일이 일어날지 기대가 되었습니다.

당연히 일기에 적은 내용이 이루어지지 않는 날도 있었습니다. 앞에서도 이야기했지만, 아무리 노력해도 빚을 다 갚고 싶다는 바람은 쉽게 이루어지지 않았습니다. 다른 사람에게 이야기하기 어렵거나 부끄러운 일도 일기에 적었지만, 이루어지지 않은 일은 공유하지 않아도 되니까 부담이 되지는 않았습니다.

그러던 어느 날, 문득 생각이 나서 이제껏 적은 일기를 다시 꺼내 읽어봤습니다. 실제로 이루어진 일에 동그라미를 치며 일기를 읽어 내려가다 문득 깨달았습니다.

실제로 이루어진 일들을 적은 문장에는 모두 공통점이 있었습니다. 내용이 매우 간결하고 글씨가 반듯하며 아름답게 적혀 있었다는 것, 그리고 '감사하다' '기쁘다' '즐겁다'와 같은 긍정적 감정을 나타내는 말들이 함께 적혀 있었다는 점이었습니다.

반대로 실제 이루어지지 않은 일들은 '어떻게든 이루고야 말겠어'라고 강하게 집착해서인지 쓸 때는 열심히 썼겠지만, 다시 읽어보니 마치 억지로 꿰맞춘 것처럼 의미를 알 수 없는 장문의 글이 나열되어 있었습니다.

다음 날, 친구에게 이 사실을 이야기하자 대단한 발견이라며 마치 자기 일처럼 기뻐해주었습니다.

바람이 이루어진다고 반드시 행복해지는 것은 아니다

시간이 지나 점점 일기 쓰는 요령을 터득하게 된 저는 램프의 요정 지니나 우주를 향해 소원을 비는 식으로 일기를 써보는 여유도 부리게 되었습니다.

그 무렵 제가 가장 이루고 싶던 소원은 자주 독촉을 받던 8,700만 원의 빚을 당장 갚는 것이었기에 지니에게 소원을 비는 내용의 일기를 적었습니다. 그렇게 여러 번 문장을 달리해가며 소원을 적다 보니 놀라운 일이 일어났습니다.

예전에 이사를 도와준 친구가 운영하는 음식점에 갔다가 우연히 옆자리에 앉은 남성이 저에게 뜬금없이 이런 이야기를 꺼낸 것이었습니다.

"부친께서 운용하지 않고 은행에 저축해둔 돈이 수천만 원 있는데, 그 돈을 투자할 곳을 찾고 있어요."

친하지도 않은 사람에게 그런 이야기를 할 사람은 흔치 않으니 당연히 이상했습니다. 평소 같으면 "어머, 그러세요? 큰돈이네요"라며 흘려듣고 그 자리를 떴을 것입니다. 하지만 그 순간 '어쩌면 아침에 쓰는 미래 일기의 효과일지도 몰라'라는 생각이 들었습니다. 그래서 "사실 제가 이러이러한 사업을 하고 있는데, 자금난에 시달리고 있어요. 혹시 저에게 투자하실 생각은 없으세요?"라고 물었습니다.

그러자 그 남성은 초면인데도 불구하고 "좋습니다"라고 너무나도 흔쾌히 대답했습니다. 점점 더 이상했습니다. 잘 알지도 못하는 사람이니 어떻게 될지 알 수도 없을뿐더러 애초에 워낙 믿기 힘든 일이다 보니 틀림없이 그냥 농담이겠지 싶었습니다.

하지만 그 남성은 실제로 저에게 세 차례의 투자를 했습니다. 그가 투자한 금액은 놀랍게도 정확히 8,700만 원이었습니다.

하지만 그 당시의 저는 이러한 행운을 제대로 활용하지 못했습니다. 기껏 투자를 받고도 한동안 좋은 실적을 거두지 못해 투자 수익을 지급하겠다는 날짜에 약속을 지키지 못했습니다.

마침 그 무렵, 투자해준 남성의 건강이 좋지 않은 데다 경기조차 나빠지는 바람에 투자금을 얼른 반환해달라는 요구를 받았고, 저는 빚이 되어버린 8,700만 원을 갚기 위해 또 한번 우여곡절을 겪어야만 했습니다.

이 쓰라린 경험을 통해 저는 아침에 쓰는 미래 일기를 적고 소원이 이루어진다고 해도 일기를 어떻게 적었느냐에 따라 그 결과가 불행이나 행복으로 갈릴 수 있다는 사실을 깨달았습니다.

올바른 방법으로 소원을 빌면 행복한 결과가 나오지만, 소원을 비는 방법이 잘못되면 불행이 될 수도 있다는 뜻입니다.

핵심은 '행복하게'라는 말

많은 일이 있었지만 저는 그런 상황에서도 수개월간 아침에 쓰는 미래 일기를 꾸준히 적었고, 그 가운데 실제로 이루어진 일만 친구와 공유했습니다. 그 몇 달 사이 매사를 늘 부정적으로 생각하던 제 습관이 싹 사라졌습니다. 그리고 과거에 허위로 공사를 의뢰한 고객과 저를 골칫덩어리 취급하던 친척들, 저를 집에서 내쫓은 어머니에게 오랫동안 품었던 분노가 차츰 수그러들면서 제 마음도 서서히 치유되어갔습니다.

아직 완전히 해결된 것은 아니지만 상황이 조금씩 나아지자 친구와 공유하던 소원의 목록 또한 점차 짧아지다 어느 순간 사라졌습니다.

'엄마에게 드리는 선물'이라고 적힌 특별한 노트에 적어 내려간 아침에 쓰는 미래 일기를 친구와 공유하면서 온갖 시행착오를 겪은 수개월. 그 특별했던 시간은 이제 저에게 보석처럼 소중한 추억이 되었습니다.

그 시간 동안 저는 생각이 현실로 바뀌는 것을 직접 확인할 수 있었습니다.

아무리 긍정적으로 생각하려고 노력해도 마음속에 분노나 슬픔, 외로움, 집착 등이 남아 있으면 결국 현실은 부정적 방향으로 흘러가기 마련입니다.

8,700만 원이 어디선가 생겼으면 하는 바람을 아침에 쓰는 미래 일기에 적은 일이 이를 상징합니다. 저는 임시 수입이 생기는 것만 생각하고 적었을 뿐, 그것이 행복하게 이루어진다고는 미처 적지 못했습니다. 머릿속이 온통 돈 생각으로 가득해 행복과 감사라는 부분은 미처 생각하지 못한 것입니다. 물론 의도적으로 한 행동은 아니었지만, 결과적으로는 그렇게 기록한 것이 사실입니다.

소원이 행복하게 이루어지길 바란다고 적지 않은 탓에 온갖 우여곡절을 겪었지만, 어떻게든 제 손으로 해결할 수 있는 수준이었기에 그나마 다행이었습니다. 소중한 가족을 잃는 대가로 보험금이 들어온다든가 하는, 돌이킬 수 없는 방식으로 소원이 이루어지지 않아 정말 다행이라고 생각합니다.

소원을 적을 때는 '행복하게'라는 문구가 반드시 필요한 것입니다. 145쪽부터 시작하는 '실천 편'은 이처럼 소원을 행복하게 이룰 수 있도록 예문을 따라 쓰는 방식으로 구성되어 있으니 안심하고 따라 하시기 바랍니다.

이렇게 인생이 바뀌기 시작했다

이로써 아침에 쓰는 미래 일기를 통해 생각이 현실로 바뀌는 것은 어떤 속임수가 아니라, 지극히 상식적인 사실이라는 것이 명확해졌습니다. 일기를 적다 보니 지금까지 믿어온 상식과 다른 삶의 자세를 발견하고 믿게 되었고, 그런 점이 저에게 새로운 상식이 되자 삶이 달라지기 시작했습니다.

그 후 요령을 터득한 저는 일기를 쓰지 않아도 생각을 현실로 바꿀 수 있게 되었습니다. 저에게 일어났으면 하는 미래를 미리 일기에 적어보는 과정을 꾸준히 실천했습니다. 그리고 의식적으로 제 마음속 깊이 자리하고 있던 슬픔과 분노, 의심이나 불안 같은 부정적 감정을 행복과 감사 같은 긍정적 감정으로 바꿔나갈 수 있게 되었습니다. 이러한 과정을 반복하자 저도 모르게 가지고 있던 부정적 생각마저 자연스럽게 긍정적으로 바뀌어갔습니다.

이렇게 노트에 일일이 적어가며 확인한 기록은 언제 어디서 길을 잃어도 빛이 비치는 쪽으로 방향을 수정할 수 있게 돕는 저만의 나침반이 되었습니다.

저는 원래 하루하루를 즐겁게 사는 밝고 사교적인 성격이었지만, 너무 오랫동안 힘든 일을 겪다 보니 저도 모르는 사이에 심한 분노와 불안에 휩싸여 있었습니다.

하지만 사실은 그때에도 이 세상에는 여전히 희망의 빛이 비치고 있었습니다. 제가 고개를 숙인 채 땅만 쳐다보지 않고 고개를 들어 그 빛을 알아차렸더라면 멀리 보이는 불빛을 발견하고 그곳으로 한 걸음씩 나아갈 수 있었겠지만, 안타깝게도 그러지 못했습니다.

그런 시기에 바로 제 곁에서, 마음속에서 늘 빛나던 태양은 바로 아들이었습니다. 아들은 저에게 처음으로 비친 한 줄기 빛이었습니다. 그 불빛에 의지해가며 출구를 발견하기까지 저는 꽤 먼 길을 돌아왔습니다.

그리고 그 시간 동안 묵묵히 제 곁을 지켜준 존재는 바로 아침에 쓰는 미래 일기를 꾸준히 적었던 저 자신이었습니다.

어느 틈엔가 저는 일기를 통해 소중한 저 자신과 끊임없이 대화를 나누고 있었습니다. 저는 그제야 '세상에서 가장 든든한 내 편은 바로 나 자신'이라는 삶의 본질이자 행운의 원천을 비로소 깨달을 수 있었습니다.

일기에 쓸 만한 좋은 일이
떠오르지 않는다면

●

'생각은 현실로 바뀐다'는 확신을 얻은 저는 그 후 어떤 일을 맞닥뜨리든 간에 잠시 꺾이기는 해도 곧 저 자신과의 대화를 통해 부정적 감정을 긍정적으로 바꾸고, 생각을 좀 더 좋은 방향으로 이끌어 이를 현실로 바꿀 수 있게 되었습니다. 그리고 이러한 능력을 여러 분야에, 다양한 용도로 활용하게 되었습니다.

'행운과 금전운을 부르는 방을 꾸미는 법'을 주제로 한 책을 연이어 출간했고, 누적 판매 부수가 6만 부를 돌파하면서 제 강연이 인기를 끌자 기업들의 인테리어 플래닝 의뢰도 늘어났습니다. 덕분에 수입도 늘어나고, 제 삶은 직장에서 일할 때나 집안일을 돕던 시절과는 비교할 수 없을 만큼 달라졌습니다.

그리하여 10년에 걸쳐 마침내 5억 원의 빚을 모두 갚은 저는 자유롭고 행복한 나날을 보낼 수 있게 되었습니다.

그 무렵 새로 사귄 친구인 하마다 마유미 씨와 가끔 '소원을 즐겁게 이루면서 행복하게 사는 방법'을 주제로 한 강연을 공동으로 개최했습니다.

그 친구와 "다음 강연 주제는 무엇으로 할까?" 하고 의논하던 중 문득 내 인생을 바꾼 일기에 대한 것이 떠올랐고, 아침에 쓰는 미래 일기에 대한 아이디어를 제공했던 친구에게 사용해도 된다는 허락을 받은 저는 그다음 강연부터 아침에 쓰는 미래 일기를 소개하기 시작했습니다.

하지만 결과는 기대와 달랐습니다. 아침에 쓰는 미래 일기를 아무리 열심히 소개해도 수강생들은 이렇다 할 변화를 느끼지 못했습니다.

그 이유를 살펴보니 '좋은 일이 떠오르지 않아서 일기를 꾸준히 쓸 수가 없는 것'이 문제였습니다.

저 또한 처음에 일기를 쓸 때는 미리 적어볼 만한 좋은 일이 좀처럼 생각나지 않았습니다. 일기를 작성하는 법이나 활용하는 법을 제대로 알지 못해 수많은 실패를 경험했습니다.

하지만 저에게는 정말 막다른 궁지에 몰려 지푸라기라도 잡는 심정으로 붙잡은 것이 아침에 쓰는 미래 일기였습니다. 수많은 실패와 시행착오를 겪으면서도 결코 손에서 내려놓지 않고 꾸준히 일기를 쓰면서 요령을 찾았고, 더 나아가 이를 자유자재로 활용할 수 있게 되었습니다.

무슨 일이 있어도 우리 아들만큼은 행복하게 해주겠다는 각오로 매일 쓰고, 지우고, 고치고, 덧쓰면서 일기 쓰는 요령을 조금씩 알아갈 수 있었던 것은 그만큼 제가 궁지에 몰려 있었기 때문이었을 것입니다.

하지만 강연에 참가한 분들은 과거의 저만큼 궁핍하거나 궁지에 몰려 있지 않았습니다. 그분들은 인간관계나 업무, 연인이나 배우자와의 관계, 풍요로운 삶 등 일상적인 부분을 지금보다 좀 더 개선하길 바라고 있었습니다.

그래, 이거야! 따라 쓰기부터 시작하자

저는 고민 끝에 시작이 어려운 수강생들을 위해 일기에 적기 좋은 예문을 실은 소책자를 직접 만들기로 했습니다. 소책자에 대해 연구하던 어느 날, 집 주변을 산책하던 중 우연히 들어간 종이 가게에서 무언가를 발견한 순간, 숨이 멎고 말았습니다.

"그래, 이거야!"

그것은 종이에 불경을 따라 쓸 수 있게 만든 사경(寫經, 불교 경전의 내용을 베껴 쓰는 것) 제품이었습니다. 전통 종이 가게에서 흔히 볼 수 있는 제품이었지요.

예전에 우연히 친구와 숙방(宿坊, 원래는 사찰을 방문하는 승려나 참배객이 머무르는 숙박 시설이지만, 오늘날에는 사찰 문화를 체험하고 싶어 하는 일반 관광객도 많이 묵는다.-역주)에 묵으면서 사경을 해본 경험이 있었습니다.

처음에는 별생각 없이 쓰기 시작했는데, '제대로 좀 써보자'라는 마음이 들자 오히려 글자가 갈수록 비뚤어졌습니다. 그래서 다시 초심으로 돌아가자는 생각으로 마음을 비우고 목표 없이 그저 순수하게 글자를 따라 쓰기 시작하자 오히려 글씨가 반듯해졌습니다. 그 점이 매우 흥미롭기도 했고, 따라 쓴다는 작업 자체가 마치 명상과도 같다고 느꼈습니다.

"좋은 말이 떠오르지 않는 사람에게는 먼저 좋은 글을 따라 쓰게 해보자! 글을 따라 쓰는 과정에서 마음을 비우는 요령을 깨달을 수 있을 거야. 그때 느끼는 감각은 생각을 현실로 바꾸는 요령을 깨달을 때 느끼는 감각과도 같은 거야."

제 의견을 친구에게 이야기하자 좋은 생각이라고 동의해주었습니다. 서둘러 집으로 돌아온 저는 긍정적이며, 자신에게 확신을 주는, 따라 쓰기 좋을 만한 글귀를 연구하고 고민해 곧바로 디자인과 출력 작업을 거쳐 아침에 쓰는 미래 일기를 완성했습니다.

처음 만든 일기는 책이 아니라 출력한 종이를 일일이 접어 만든 소책자 형태였습니다.

일주일만으로는 큰 변화를 느낄 수 없으므로 한 주마다 주제를 정해 총 7주, 즉 49일 동안 일기를 꾸준히 쓸 수 있게 만들었습니다. 사소한 일부터 점차 단계를 높여가면서 마치 문장 내용을 따라가듯 글을 따라 쓰는 마음 또한 조금씩 달라지도록 구성했습니다.

의지는 있지만 실천하기 어려운 사람들에게는 시작하는 데 반드시 도움이 될 것이라 믿었습니다.

'문장을 따라 쓰기만 해도 좋은 변화가 생기는 사람이 나타날 거야' 하는 간절한 마음으로 소책자를 만들어 수강생들에게 나누어 주었습니다.

꾸준히 쓰면
소원이 이루어진다

●

이렇게 제작한 소책자를 강연에서 활용하자 얼마 지나지 않아 일기를 꾸준히 적은 사람 가운데 다음과 같은 이야기를 하는 사람이 나타나기 시작했습니다.

- 며칠 뒤에 지급해야 하는 270만 원을 마련할 수 있을지 몰라 불안해하던 중이었는데, 일기에 '자금 융통이 원활해졌다!'라고 적었더니 어느 틈엔가 계좌에 370만 원이 이체되어 있었습니다. 감사합니다!

- 코로나19 사태로 회사의 매출이 전년 대비 20.2%나 감소했습니다. 아침에 쓰는 미래 일기에 대해 배운 뒤, 일기를 쓰는 요령을 파악하고 실천했더니 그다음 달에 매출이 51.4%나 증가했습니다. 아니, 이게 무슨 일이래요!

• 첫째 주의 주제인 소소한 행운에 대해 적으려다 보니 제 마음도 그러한 방향으로 따라가게 되었고, 일기를 쓰기 시작한 지 9일째 되던 날, 근무처의 소장님께 격려의 말과 함께 케이크를 선물로 받았습니다. 저도 모르게 눈물이 후드득 떨어지면서 감사의 마음과 존경심이 더욱 커졌습니다.

• 이사를 하게 되어 새집에 필요한 물건과 자동차를 구매할 자금이 생겼으면 해서 '현금 5,000만 원이 들어왔다!'라고 적어봤는데, 사흘 뒤에⋯⋯ 돌려받지 못하리라고 생각한 5,000만 원을 한꺼번에 돌려받았습니다. 이건 말 그대로 기적입니다!

• 예전에는 이유 없이 불안할 때가 많았는데, 49일 동안 꾸준히 일기를 쓴 지금은 밝고 즐겁게 희망찬 삶을 살고 싶은 마음이 생겼습니다. 일흔이 넘은 고령자라 코로나19 사태로 그동안 친구들과 만나지 못했는데 '이사하기 전에 마스크를 낀 채로 한번 보자'라고 적었는데 정말로 한자리에 모일 수 있었습니다. 감사합니다!

• 일기를 쓴 지 셋째 주에 접어든 오늘 아침. 걸핏하면 "무슨 카드값

이 이렇게 많이 나와!"하며 화를 내던 남편이 어쩐 일인지 "부족한 벌이로 살림을 꾸리느라 힘들지? 고마워"라고 말해 깜짝 놀랐습니다. 앞으로도 계속 아침에 쓰는 미래 일기를 쓰고 싶어요.

- 49일간의 일기를 모두 마치고, 또다시 일기를 쓰기 시작해 오늘로 52일이 되었습니다. 일기를 쓰면서 그동안 늘 문자로 필요한 말만 보내던 남편이 직접 "생일 축하해!"라고 말하는 일도 생겼고, 제가 평소에 존경하던 분의 초대를 받아 워크숍 현장에서 다른 참석자들과 함께 긍정적 기운을 받기도 했습니다. 또 번번이 일정이 어긋나 취소했던 친구 가족과의 온천 여행도 다녀올 수 있었습니다!

- 일기 한 권을 다 쓰고 이제 곧 두 번째 도전을 시작하려는 중입니다. 일기를 쓰면서 우쿨렐레를 연주하는 취미를 갖게 되었고, 더 많은 친구를 사귀게 되었습니다. 또 일기에 쓴 여러 내용이 실제로 일어나자 저 자신을 믿는 마음이 예전보다 강해졌습니다. 이런 일기를 만들어주셔서 감사합니다!

- 처음에는 이틀 정도 쓰다 그만두었지만, 1년 반 뒤에 다시 도전해

서 성공하고, 지금은 두 번째 일기를 쓰고 있습니다. 일기에 '복권에 당첨되었다!'라고만 적었는데, 한 달 뒤에 정말 10만 원짜리 복권에 당첨되었습니다. 이럴 줄 알았으면 금액도 적어놓을걸하고 생각했습니다. 또 일기에 '좋아하는 일을 통해 사람들에게 기쁨을 줄 수 있는 직업'에 대해 쓴 지 1년이 지난 지금은 홈페이지를 개설하고, 당장 할 수 있는 일부터 조금씩 해나가고 있습니다.

- 일기를 쓰기 시작한 지 18일째인 오늘, 지난 일기를 다시 읽어보니 소소한 일이지만 대략 80% 정도가 이루어졌습니다. 중고 거래 애플리케이션에 올린 물품들이 모두 팔렸고, 방을 정리하던 중에 잃어버렸다고 생각했던 지갑도 찾았습니다. 또 힘든 일이 생겨도 일기를 쓰면서 훌훌 털어버리고 다시 마음을 다잡을 수 있게 되었습니다.

- 일기를 쓴 지 3일째 되던 날, '불필요한 물건을 처분하고 방을 정리한다'라고 적었더니 5일째 되던 날, 좀처럼 진척되지 않던 방 정리가 빠르게 끝났습니다. 중고 시장에 내놓은 물건도 비싼 가격에 팔려 150만 원이 넘는 여윳돈이 생겼습니다.

- 내가 생각하는 이상적인 집에 대해 적었는데, 그로부터 8~10일 후에 갑자기 집을 리모델링하자는 이야기가 나왔습니다. 어쩌다 보니 일이 점점 커져서 결국 전체 리모델링을 하기로 했습니다. 오랜 꿈이던 저만을 위한 서재도 만들기로 했어요!

- 그동안 자신이 없어 그리 좋아하지 않던 요리에 대해 적었는데, 그로부터 두 달쯤 후에 "우아, 맛있다!"라고 감탄할 만한 요리를 뚝딱 만들고 있는 저 자신을 발견했습니다. 물론 맛있다는 칭찬도 들었어요.

- '무슨 일이든 나에게 일어나는 일은 저마다 의미가 있으며, 그것이 나에게 최고이자 최선이다'라는 내용을 적었습니다. 그리고 왠지 모르게 찜찜해서 친구와 가기로 한 여행을 취소했는데, 그날 태풍이 와서 대중교통 운행이 모두 중단되었습니다. 그런데 그 후 생각지도 못한 곳에서 여행 상품권을 세 개나 받았습니다!

- '멋진 남자를 만났으면 좋겠다'고 적었는데, 때마침 친구와 식사하던 중 비슷한 또래의 남성이 다가와 저에게 상냥하게 말을 건넸습니다. 그 순간 아침에 쓰는 미래 일기에 적으면 그 내용이 정

말 현실화될 수 있겠다는 생각이 들었습니다.

- 일기에 '여윳돈이 생겼다'라고 적었더니 진짜로 10만 원짜리 프리미엄 식사권에 당첨되었습니다.

- 넷째 주에 접어들었습니다. 그동안 업무 처리 방식을 개선해서 이제 조금만 더 노력하면 온라인에서도 사업 운영이 가능하게 되었습니다. 조금씩 변화가 나타나기 시작해 지난주에는 인터넷 라디오 방송으로부터 출연 제의까지 받았습니다.

이 책의 공동 저자이자 친구인 마유미 씨도 소책자로 제작한 아침에 쓰는 미래 일기를 직접 매일 써봤더니 다음과 같은 일이 생겼다고 합니다.

- 6일째 되던 날, 갖고 싶지만 비싸서 포기해버린 물건에 대해 적었는데, 갑자기 '이렇게 하면 살 수 있겠는데!'라는 생각이 떠올라 결국 살 수 있게 되었다.

- 9월 6일, 아침에 쓰는 미래 일기를 필요로 하는 사람들에게 잘

전달되도록 예약 판매 페이지를 공들여 제작했다. 그리고 마침내 책으로 출간하게 되었다. '역시 뭐든지 가장 이상적인 상황이 되도록 흘러가기 마련이구나'라고 적었더니 9월 마지막 주에 출판사에서 연락을 받았고, 10월 7일에는 출판사로부터 기획이 통과되었다는 소식을 들었다.

나를 삶의 나락에서 건져 올리고, 소원을 현실로 바꾸는 법을 발견하게 해준 특별한 노트. 그리고 그저 49일 동안 따라 쓰기만 해도 내가 오랜 경험을 통해 얻은 비결을 터득할 수 있는 아침에 쓰는 미래 일기.

수많은 기적을 일으킨 아침에 쓰는 미래 일기를 여러분에게 소개합니다.

Chapter

1

오늘 일어났으면 하는 일은 무엇인가요?

소원을
현실로 바꾸는
일기 쓰는 법

오늘 일어났으면 하는 일을 아침에 쓴다

●

아침에 쓰는 미래 일기는 여러분의 꿈과 소원을 이루기 위해 적는 일기이므로 일반 일기처럼 하루를 끝마칠 무렵 오늘 있었던 일을 적는 것이 아니라, 오늘 일어났으면 하는 일을 아침에 미리 적습니다. 이게 전부입니다.

이 책의 후반부에는 여러분의 소원이 현실로 바뀔 확률을 조금이라도 더 높이고자 고심해서 만든 아침에 쓰는 미래 일기 '실천 편'을 담았습니다. 반드시 사용해보시기 바랍니다.

일기 작성법 3단계

❶ 오늘 날짜를 적는다.

❷ 회색으로 흐릿하게 인쇄된 문장 위에 정성을 담아 따라 쓴다.

❸ 이번 주의 주제와 관련해 일어났으면 하는 일을 과거형으로 적는다.

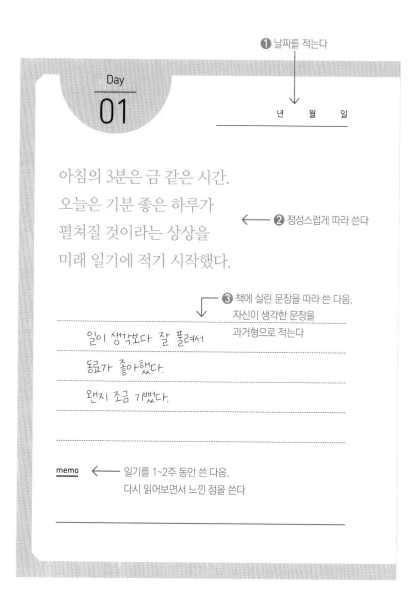

❶ 날짜를 적는다

Day

01

년   월   일

아침의 3분은 금 같은 시간.
오늘은 기분 좋은 하루가
펼쳐질 것이라는 상상을
미래 일기에 적기 시작했다.

❷ 정성스럽게 따라 쓴다

❸ 책에 실린 문장을 따라 쓴 다음,
자신이 생각한 문장을
과거형으로 적는다

일이 생각보다 잘 풀려서

동료가 좋아했다.

왠지 조금 기뻤다.

memo

일기를 1~2주 동안 쓴 다음,
다시 읽어보면서 느낀 점을 쓴다

소원이 이루어지는 10가지 포인트

●

소원이 이루어지는 포인트 1

3분의 시간을 확보한다

일기를 매일 꾸준히 적지 않고 하루에 여러 장씩 몰아서 적으면 기대한 만큼의 효과를 얻지 못합니다. 어떤 일을 한 번에 무리하게 하면 대뇌에서 이를 '낯선 경험'으로 인식해, 처리하는 데 많은 에너지가 필요합니다. 예를 들어 어떤 악기를 첫날 딱 한 시간 연습해보고 그만두었다가 다시 몇 년 뒤에 한 시간을 연습해봤자 예전에 배운 내용이 거의 생각나지 않지요. 결국 악기를 배우려면 악기를 처음 배운 날처럼 정신을 집중해야 합니다.

하지만 어떤 행동을 짧은 시간이라도 매일 규칙적으로 반복하면 그러한 행동 패턴이 소뇌에 저장되어 몸에 익게 되고, 그때부터는 힘들이지 않고도 무의식적으로 행할 수 있습니다.

예를 들어 매일 악기를 연습하면 연주 실력이 조금씩 늘다가 갑자기 실력이 쑥 향상되는 날이 옵니다. 그러다 나중에는 눈을 감고도 연주할 수 있는 수준까지 도달합니다. 이렇게 습득하고 나면 몇 년 동안 악기를 연주하지 않아도 언제든지 다시 자연스레 연주할 수 있게 됩니다.

그러니 자신을 위해, 미래를 위해 아침마다 딱 3분만 시간을 할애해보세요.

소원이 이루어지는 포인트 2

순서대로 실천한다

Week 1   소소한 행운

Week 2   업무·집안일·공부

Week 3   새로운 습관

Week 4   좋은 기분

Week 5   풍요로움

Week 6   자신의 매력

Week 7   싱크로니시티

이처럼 매주 정해진 주제에 따라 글을 쓰면서 총 7주, 즉 49일 동안 꾸준히 일기를 적습니다. 여러분의 소원과 관련이 있거나 평소에 관심이 있는 주제가 나중에 나오더라도 Week 1의 첫날부터 하루에 한 페이지씩 순서대로 차근차근 적어나갑니다. 쉽게 이뤄질 만한 소소한 일부터 조금씩 단계를 높여 자신이 진정으로 바라는 일을 향해 Week 7의 마지막 날까지 나아갈 수 있도록 구성되어 있습니다.

순서대로 따라가다 보면 맨 처음에 적은 자신이 기대했던 소소한 미래가 실제로 이루어지는 경험을 할 수 있습니다. 뒤에서 소개할 경험자처럼 '우아! 정말 이루어졌잖아'라는 감정을 느껴보는 것이 중요합니다. '이거 재미있는데. 좀 더 해보고 싶다!'는 마음이 더 많은 소원을 이루어주기 때문입니다.

소원이 이루어지는 포인트 3
심호흡을 하고, 문장을 정성껏 따라 쓴다

《아침에 쓰는 미래 일기》에는 미리 흐릿하게 인쇄해둔 글자가 적혀 있으므로 심호흡을 한 번 한 뒤에 문장을 정성껏 따라 씁니다. 바로 이 순간이 경험담에 등장할 법한 놀라운 행운이나 기적이 일어날 확률을 높이는 데 영향을 미칩니다. 그러니 반드시 일기에 인쇄된 문장을 먼저 따라 쓰고, 오늘 일어났으면 하는 일은 그다음에 적기 바랍니다.

소원이 이루어지는 포인트 4

각 주의 주제에 관해 짧은 과거형 문장으로 쓴다

실현되기 쉬운 주제부터 순서대로 진행되는 각 주의 주제에 따라 일기에 인쇄된 문장을 따라 쓰고, 그때의 기분을 그대로 유지한 채 자유롭게 글을 적어나갑니다.

문장은 '나는 ○○○○가 ○○해서 매우 기뻤다'라는 식으로 이미 소원이 이루어진 상태를 과거형으로 씁니다. 간결하고도 우아한 문장으로 적을수록 소원이 이루어질 확률이 높습니다.

오늘 일어났으면 하는 소소한 행운부터 적기 시작하면 소원이 더 쉽게 이루어질 것입니다. '정말 이루어졌잖아!'라는 경험을 하고 나면 흥미가 생기고, 다음에는 어떤 일이 일어날까? 하는 호기심이 생겨 일기를 쓰는 게 즐거워집니다.

커다란 소원은 생각의 전환이 일어나기 시작한 후에 적는 편이 더 실현될 확률이 높습니다. 그러니 처음부터 대뜸 거창한 바람부터 적지 말고, 소소한 행운부터 단계적으로 적어나가면서 생각을 현실로 바꾸는 요령을 터득하는 편이 결과적으로는 가장 빠른 길입니다.

처음부터 여윳돈 1,000만 원이 들어오기를 바라는 것보다 10만 원 정도의 액수를 적은 다음, 실제로 10만 원의 여윳돈이 생기면 그제야 "에이, 1,000만 원이라고 적을걸!" 하고 아쉬워하며 다시 일기에 적는 것이 적당합니다.

Week 7을 마칠 무렵에는 소소한 좋은 일이 일어난 것이 그저 단순한 우연이 아니라 자신이 쓴 일기를 계기로 싱크로니시티(Synchronicity)가 일어난 것이라고 느낄 것입니다.

소원이 이루어지는 포인트 5
문장의 마지막에 소원이 이루어진 감정을 표현한다

문장의 마지막 부분에 '고마워!' '해냈어!' '정말 다행이다……'같이 감사와 기쁜 마음을 드러내는 표현을 반드시 붙이면 소원이 실현될 확률이 올라갑니다. 무엇을 써야 할지 잘 모를 때는 마지막에 '감사합니다'라고 적습니다.

이러한 방법을 발견하기까지 오랜 시간이 걸렸습니다.

성공한 사람들을 보면 모든 일에 항상 놀라움·기쁨·즐거움·

고마움 같은 긍정적 감정을 표현합니다. '무엇이 어떻게 되었다'라는 식으로 문장을 기계적으로 작성하면 그 일을 머릿속으로 상상할 수 있을지는 몰라도 그 일이 이루어지는 장면이 마음에 생생하게 와닿지는 않습니다.

글의 말미에 긍정적 감정을 적어 넣으면서 실제로 그러한 일이 오늘 일어나 저녁에 기분 좋게 일기를 쓰고 있는 자신의 모습을 상상해봅니다. 아침에 쓰는 미래 일기에 적은 소원이 이루어졌을 때를 대비해 예행연습을 한다는 생각으로, 그러한 감정을 미리 느껴보시기 바랍니다.

자신이 따라 쓴 문장과 직접 적은 글을 감정을 담아 크게 소리 내어 읽어보면 그러한 감정을 좀 더 실감할 수 있습니다. 글을 조용히 눈으로만 읽어 정보를 얻는 것이 아니라, 입으로 소리 내어 읽으면 정보가 귀와 체내로 전달되는 소리의 진동인 골도음(骨導音)을 통해 외부와 내부 양쪽에서 들어옵니다(골도음의 비율은 사람이나 언어에 따라 10~90%까지 차이 난다고 알려져 있다). 따라서 음독을 하면 온몸으로 감정을 느끼기 쉽습니다.

또 예축(豫祝)을 하는 것도 좋습니다. 일본에서는 옛날부터 풍작을 기원하기 위해 꽃놀이를 하며 미리 풍작을 축하하는 예축이라는 풍습이 있었습니다. 이것이야말로 미래를 부르는 일이지요. 아침에 쓰는 미래 일기를 쓰기 전에 미리 "축하해!"라고 말하며 기뻐하는 것도 좋습니다.

소원이 이루어지는 포인트 6
도무지 떠오르지 않을 때는 따라 쓰기만 해도 OK

이 책에 실은 문장들은 따라 쓰기만 해도 좋은 일이 더 쉽게 일어나도록 심사숙고해서 완성한 내용입니다.

어떻게든 무언가를 떠올려보려고 애쓰거나 자신이 공감하지 못하는 내용을 억지로 적는 행동은 오히려 역효과를 불러일으킵니다. 책에 나와 있는 문장을 공들여 따라 쓰기만 해도 여러분의 마음에 충분히 효과를 발휘합니다. 따라 쓸 시간조차 없을 때는 책에 실린 문장을 크게 소리 내어 읽기만 해도 되고, 그조차 힘든 경우에는 조용히 마음속으로 읽기만 하는 식으로 어떻게든 포기하지 않고 꾸준히 실천해보세요.

소원이 이루어지는 포인트 7
매일 쓰지 못해도 괜찮다

아침에 쓰는 미래 일기는 꾸준히 할수록 효과적입니다. 이제껏 자신도 모르게 뭐든지 부정적으로 생각해오던 습관이 조금씩 사라지다 어느 순간 생각이 완전히 긍정적으로 바뀌게 됩니다. 이렇게 좋은 변화를 이끌어낼 수 있는데 고작 하루나 이틀 동안 쓰지 못했다고 그만두기에는 너무 아깝지요. '역시 난 뭐든지 꾸준히 하질 못해……' 하고 낙심하거나 자신을 책망하지 말고, 잠시 쉬었다 다시 써도 괜찮으니 몇 번이고 계속 도전해보기 바랍니다.

하루도 쉬지 않고 매일 꼬박꼬박 써야 한다는 부담감에 일기를 적다 포기하는 것보다는 무리하지 말고 책에 실린 문장을 보거나 읽기만 하는 식으로라도 꾸준히 이어나가는 편이 좋습니다.

소원이 이루어지는 포인트 8
일기에 적은 내용을 매일 다시 읽지 않는다

일기에 적은 내용을 매일 다시 읽어보지 않도록 합니다. 일기를 꾸준히 1~2주 정도 적어본 다음, 나중에 한꺼번에 다시 읽어보면서 실제로 이루어진 일이나 깨달은 점을 메모해보세요.

누구나 어떤 내용을 노트나 메모지에 적어두면 마음이 놓여 그 내용을 잊어버리는 경향이 있습니다. 예를 들어 사람들이 수첩에 할 일을 써놓는 이유는 어딘가에 적어놓으면 기억하지 않아도 되어 마음이 놓이고, 당장 눈앞에 놓인 일에 집중할 수 있기 때문입니다. 즉, 적어둔 일에 대한 걱정을 덜 수 있어 지금 있어야 할 곳이나 지금 할 일에 몰두할 수 있게 됩니다.

그런데 적어둔 내용이 신경 쓰여 매일 다시 들여다보면 기껏 걱정을 덜어낸 일을 굳이 다시 떠올려 걱정하는 꼴이 됩니다.

아침에 쓰는 미래 일기는 적으면 잊어버리는 인간의 습성을 이용해 여러분이 집착하거나 염려하는 일을 잊게 하고, 희망을 실현하는 효과를 증대시킵니다.

소원이 이루어지는 포인트 9
마음에 드는 펜으로 작성한다

아침에 쓰는 미래 일기를 쓸 때는 가급적 휴대하기 쉽고, 필기감이 좋으며, 자신이 평소에 좋아하는 디자인의 펜을 사용하길 권합니다. 사소한 부분이지만, 이렇게 마음에 드는 펜으로 차분히 문장을 따라 쓰면 기분이 좋아지고 더 큰 효과를 거둘 수 있습니다.

소원이 이루어지는 포인트 10
이루어진 일만 공유한다

아침에 쓰는 미래 일기를 적는 다른 친구와 서로 '이루어진 일'만 공유하면 일기를 더욱 즐겁게 꾸준히 적을 수 있고, 성공 확률이 높아집니다.

애초에 아침에 쓰는 미래 일기는 처음 제가 일기를 적으며 이루어진 일을 친구와 공유하는 과정에서 탄생했습니다. 친구와 둘이서 이루어진 일을 공유하기 시작했고, 즐거워하며 이를 꾸준히 실천한 결과, 불가능할 것이라 여긴 소원들이 실제로 현실에서 이루어지는 믿기 어려운 일이 일어났습니다.

이 책을 읽고 아침에 쓰는 미래 일기를 적은 여러분이 이루어진 일을 다른 사람과 공유할 수 있도록 공간을 마련했습니다. 뒤에 소개하겠습니다.

여러분도 다른 사람들에게는 어떤 변화가 일어났을지 궁금하지요? 다른 사람들의 이야기를 듣다 보면 여러분에게도 비슷한 변화가 찾아오는 행운의 연쇄 작용이 일어날 것입니다. 다른 사람의 일기 작성법이나 문체를 흉내 내보거나 서로 칭찬하거나 할 수도 있습니다. 오직 이루어진 일만 공유하기 때문에 굳이 밝히고 싶지 않은 내용을 말할 필요도 없고, 자신의 실패를 고백하거나 슬픈 감정을 숨긴 채 이루어지지 않은 일을 이루어졌다고 거짓말할 필요도 없습니다. 그 어떤 거짓이나 위선도 존재하지 않는 공간입니다. 여러분도 얼마든지 참여할 수 있으니 그런 마음이 생기면 언제든지 자유롭게 참여해보시기 바랍니다(책 표지의 저자 소개 하단에 공유 카페의 QR코드를 확인해주세요).

아침에 쓰는 미래 일기를 작성하는 방법은 간단합니다. 다시 정리 하자면 다음과 같습니다.

❶ 오늘 날짜를 적는다.
❷ 회색으로 흐릿하게 인쇄된 문장 위에 정성을 담아 따라 쓴다.
❸ 이번 주의 주제와 관련해 일어났으면 하는 일을 과거형으로 적는다.

지금까지 소개한 소원이 이루어질 확률을 높이는 열 가지 포인트 를 아침에 쓰는 미래 일기를 적으면서 차근차근 익혀보시기 바랍 니다!

아침에 쓰는 미래 일기 예문 모음

일기를 적을 때는 먼저 책에 실린 문장을 따라 쓴 다음, 실제로 일어났으면 하는 일을 스스로 적어봅니다. 이때, 문장을 어떤 식으로 써야 할지 몰라 망설이는 분을 위해 다양한 예문을 준비했습니다. 자, 여러분도 소소한 행운부터 시작해보세요.

Week 1 소소한 행운

- 평소에는 버스에서 줄곧 서서 가는데, 오늘은 운 좋게 빈자리가 나서 앉아서 갔다.

- 하마터면 지각할 뻔했는데, 버스가 3분 늦게 도착해서 운 좋게 탔다.

- 갑자기 카레가 먹고 싶었는데 집에 돌아와보니 저녁 메뉴가 카레였다.

- 선배가 주스를 사주었다.

- 카페에 갔는데, 주문한 음료의 양이 생각보다 많았다.

- 전철에서 엄청난 미남이 옆자리에 앉았다.

- 주차장에 들어가자 다른 차 한 대가 나가서 그 자리에 주차했다.

Week 2 업무·집안일·공부

- 업무·집안일·공부를 평소보다 기분 좋게 할 수 있었다.
- 시험공부·기획서 작성·요리에 집중할 수 있었다.
- 내가 제안한 프로젝트 아이디어가 통과되어 기뻤다.
- 업무·공부·집안일이 아침에 계획한 대로 진행되었다.
- 매출이 올랐다.
- 고객에게 감사 메일을 받았다.

Week 3 새로운 습관

- 오늘부터 일찍 일어나기로 마음먹고 알람을 5시 55분에 맞추었는데,
  정확히 그 시각에 일어났다.
- 식사 중에 밥을 천천히 꼭꼭 씹어 먹었더니 적게 먹었는데도 금세 배가 불렀다.
- 아침에 산책을 했더니 기분이 좋았다.
- 편의점 직원과 버스 기사님에게 인사를 했다.
- 회사에 가기 전에 방 청소를 했다.
- 내키지 않는 모임을 거절했다.
- 흡연·음주·충동구매를 하는 횟수가 줄었다.

Week 4 좋은 기분

- 출근길에 자주 마주치던 사람에게 "안녕하세요!"라고 인사하자
  상대방도 웃으며 인사해 줘서 기뻤다.

- 운동으로 땀을 뺐더니 상쾌했다.

- 퇴근 5분 전까지 오늘 할 일을 전부 마무리하고 내일 업무 준비까지
  끝마쳐서 기분이 좋았다.

- 옛 친구가 해외여행 중에 보낸 편지를 받고 가슴이 설렜다.

- 마음 편히 푹 잘 잤다.

- 느긋하게 좋아하는 커피를 마시며 오랜만에 여유를 만끽했다.

- ○○ 씨의 미소를 볼 수 있어 행복했다.

Week 5 풍요로움

- 예전부터 갖고 싶었던 옷을 세일 기간 중에 반값으로 구입해서 기뻤다.

- 맛있는 요리를 먹었다.

- 수도꼭지를 틀면 늘 깨끗한 물이 나와 기분이 좋았다.

- 편의점에서 잔돈 50원을 기부했다.

- 추운 겨울에도 따뜻한 이불 속에서 잠들 수 있어 행복했다.

- 곤란한 상황이 닥쳤을 때 나를 도와줄 친구·가족·동료가 있다.

- 오늘 개그 프로그램을 보면서 실컷 웃었다.

Week 6 자신의 매력

- 일 처리가 늦어 늘 주변 사람들에게 미안하다고 생각했는데,
  "일을 꼼꼼히 처리해서 고맙다"는 말을 들었다.
- 단점이라고 생각하던 부분을 칭찬받았다.
- 집안일을 정말 싫어하지만, 그런 것치고는 제법 잘 하고 있다.
- 아무리 잘난 사람도 완벽할 수는 없다는 사실을 깨달았다.
- 나 자신에게 "넌 지금 잘하고 있어!"라고 말해보았다.
- 어제보다 조금은 ○○을 잘하게 되었다.

Week 7 싱크로니시티

- 전화를 걸어야겠다고 생각한 순간, 그 상대에게서 문자메시지를 받았다.
- 서점에 가서 별생각 없이 집어 든 책에 내가 원하던 답이 들어 있었다.
- 갑자기 바나나가 떠올랐는데, 신기하게도 내 앞에 서 있던 사람이
  바나나 무늬 티셔츠를 입고 있었다.
- 타야 할 전철을 놓치고 말았는데, 역에서 우연히 고등학교 동창을 만났다.
- 먹어보고 싶던 디저트를 고객에게 선물로 받았다.
- 같은 사람과 하루에 두 번이나 우연히 마주쳤다.

일기 효과가 나타나는 과학적 이유

뇌와 마음에
일어나는
7주간의 변화

눈에 보이는 세계가
좋은 일을 끌어당기는 세계로

●

아침에 쓰는 미래 일기는 여러분의 꿈과 희망을 이루기 위한 일기입니다. 여러분의 삶에 끌어들이고 싶은 것, 손에 넣고 싶은 것은 무엇입니까? 인생의 동반자, 자신이 빛날 수 있는 일, 경제적으로 풍요로운 생활, 건강, 자유로운 시간, 원만한 인간관계……

아침에 쓰는 미래 일기는 미래에 일어났으면 하는 일이 마치 이미 이루어진 것처럼 과거형으로 적는 일기입니다. 이번 장에서는 이러한 아침에 쓰는 미래 일기가 왜 효과가 있는지, 그 이유를 설명하려고 합니다.

뇌는 의식하는 것만 찾아낸다

우리 뇌는 주의를 기울이는 것을 찾아내는 성향이 있습니다. 무슨 뜻일까요? 예를 들어 무언가 새로운 일에 도전할 때, '어려워 보이는데, 실패하면 어떡하지? 아무래도 나한테는 무리인 것 같으니까

그만둘까?'라는 데이터를 입력하면 그때부터 뇌는 할 수 없는 이유를 찾기 시작하고, 결과적으로 실패하는 방향으로 나아가게 됩니다.

'재미있겠는데. 해본 적은 없지만 할 수 있을 것 같아. 일단 한번 해보자!'라는 데이터를 입력하면 뇌는 할 수 있는 이유를 찾기 시작합니다. 그 결과 점점 나에게 일어나는 모든 일이 성공하는 방향으로 흘러갑니다.

간단한 퀴즈부터 한번 풀어볼까요? 71쪽의 그림을 보시기 바랍니다. 이 그림을 5초 동안 바라본 다음, 컵이 몇 개 있는지 찾아보세요.

컵은 전부 몇 개인가요?

정답은 일곱 개입니다.

이제 다음 문제로 넘어가겠습니다. 이번에는 71쪽을 보지 않고 답해보세요.

가게 이름은 무엇이었나요?

사람들은 대부분 이 문제에 답하지 못합니다.

우리가 인식하는 정보는 단 0.00036%!

우리는 평소에 늘 보던 것조차 대부분 기억하지 못합니다. 사실 우리는 시야에 들어오는 것들의 대부분을 인식하지 못합니다. 이는 비단 시각 정보에만 국한된 이야기가 아닙니다.

미국의 사회심리학자 티모시 윌슨(Timothy Wilson)의 저서 《나는 내가 낯설다》에 따르면 우리가 1초 동안 오감을 통해 받아들이는 정보는 1,100만 개나 된다고 합니다. 그 가운데 우리가 인식할 수 있는 정보는 얼마나 될까요?

놀랍게도 많아야 고작 40개, 단 0.00036%에 불과합니다. 들어오는 정보의 대부분을 인식하지 못한다는 뜻입니다.

이는 우리 뇌가 필요한 정보만 인식해 중요한 일에 집중하도록 기능하기 때문입니다. 만약 1,100만 개의 정보를 전부 인식한다면 아마 우리는 패닉 상태에 빠지고 말 것입니다.

예를 들어 카페에서 친구와 이야기를 나누고 있을 때, 주변 사람들의 말소리까지 전부 비슷한 수준으로 들린다면 시끄러워서 친구와의 대화에 집중할 수 없을 것입니다. 그렇기에 우리가 깨닫지 못하는 동안 뇌는 방대한 정보 가운데 나에게 필요한 정보만을 걸러서 인식할 수 있게 해줍니다.

0.00036%는 얼마나 작은 세계일까요. 책을 110권 읽었을 때

기억나는 내용은 고작 한 줄에 불과한 것입니다. 게다가 그 한 줄에 적힌 내용만 보고 '세계는 이렇다'라고 믿는 것입니다.

또 실제로는 1억 원이나 가지고 있으면서 자신의 눈에 360원밖에 보이지 않아 돈이 없다며 한탄하는 것과 같습니다.

노란색 차에 주의를 기울인 순간

그렇다면 이처럼 방대한 정보 가운데 0.00036%에 불과한 내용을 우리 뇌는 어떤 식으로 선별하는 것일까요?

뇌는 먼저 '주의를 기울이는 것'을 골라 여러분에게 보여줍니다. 앞서 소개한 퀴즈에서 여러분은 컵에 주의를 기울였습니다. 그래서 컵이 눈에 들어왔지요. 하지만 컵을 세느라 가게 이름에는 신경 쓰지 않았기 때문에 눈에 보이지 않았을 것입니다. 이처럼 여러분의 눈에는 컵밖에 보이지 않았지만, 그림에는 가게 이름이 분명히 있었습니다. 우리의 일상생활도 이와 마찬가지입니다.

친구의 경험담을 하나 소개합니다. 어느 날, 친구는 딸아이의 핼러윈데이 의상을 만들기 위해 옷감을 살 일이 생겼습니다. 평소에 옷을 만들 일이 없던 친구는 '집에서 가장 가까운 수예점'을 검색

책 110권을 읽었는데 남는 건

고작 한 줄!

0.00036%의 세계에 살고 있다

해보았습니다. 그랬더니 놀랍게도 친구가 자주 가던 상점 바로 옆에 수예점이 있었습니다.

그 수예점은 늘 그 자리에 있었습니다. 그런데도 친구는 이제껏 그 자리에 수예점이 있다는 사실조차 알아차리지 못한 것입니다. 분명히 존재하는데 깨닫지 못하는 것은 그 사람의 세계에 존재하지 않는 것이나 마찬가지입니다.

여러분도 틀림없이 이와 비슷한 경험이 있을 것입니다. 예를 들어 이제껏 관심 없던 영어를 공부해보자고 마음먹었더니 그때부터 갑자기 전철에 붙어 있던 영어 회화 학원 광고가 눈에 들어왔다거나, 친구가 다닌다는 영어 회화 학원 이야기가 생각났다거나, 평소에는 무심코 넘긴 유튜브 광고에 시선이 갔다거나 하는 식으로 말입니다.

노란색 자동차를 사고 싶은 마음이 들면 이제껏 한 번도 보지 못한 노란색 자동차가 갑자기 거리 곳곳에 보이기 시작합니다. 마치 노란색 자동차가 갑자기 늘어난 듯한 기분이 들 수 있지만, 사실은 그게 아닙니다. 여러분이 노란색 자동차에 주의를 기울였기 때문에 뇌가 그 지령을 받아 노란색 자동차를 발견할 수 있도록 인식시켜준 것입니다.

지금 여러분에게 비친 0.00036%의 세계는 어떤 세계입니까? 여러분이 바라는 세계입니까, 아니면 바라지 않는 세계입니까? 여러분이 선택한 세계는 어느 쪽이며, 그곳에는 지금 무엇이 비치고 있습니까?

만약 여러분이 바라지 않는 세계, 예를 들어 환경 파괴, 불안한 미래, 안정적이지 못한 건강 상태, 경제적 파탄, 전쟁, 후회스러운 과거, 누군가에 대한 원망 등이 투영된 세계에 살고 있다면 이는 여러분이 무의식적으로 자신이 바라지 않는 세계에 주의를 기울이고 있기 때문입니다.

내가 이루고 싶은 세상으로 향하는 수단

뇌가 선택하는 0.00036%를 여러분이 바라지 않는 세계에서 바라는 세계로 돌려놓고, 여러분이 원하는 것들이 존재하지 않는 세계에서 존재하는 세계로 바꾸는 뇌 훈련법이 바로 아침에 쓰는 미래 일기입니다.

《아침에 쓰는 미래 일기》에 흐릿하게 인쇄된 문장을 정성껏 따라 쓰는 작업은 여러분의 인식을 '실제로는 존재하지만, 이제껏 알아차리지 못한' 일이나 '여러분이 바라는 세계'로 돌려놓는 작용을 합니다.

예를 들어 뒤에 소개하는 '실천 편'의 Day 24에는 다음과 같은 문장을 따라 쓰게 되어 있습니다.

> 기분이 좋아지는 소리를 찾아본다.
> 그랬더니 귓가에 들리는 소리를
> 내 마음대로 고를 수 있게 되었다.

평소에는 바쁜 일상에 쫓기느라 귓가에 어떤 소리가 들리는지 주의를 기울여본 적이 없을 수 있습니다. 거실에 틀어놓은 텔레비전에서 비극적인 소식이나 사건, 가십을 전하는 목소리가 흘러나오고 있는 것조차 알아차리지 못할 수 있습니다. 하지만 아침에 쓰는 미래 일기에 실린 문장을 따라 쓰고 나면 기분이 좋아지는 소리에 주의를 기울이게 되고, '내 기분을 좋게 하는 소리가 무엇일까? 그러고 보니 나는 하프 소리를 좋아했는데……'처럼 생각을 유도합니다.

그러면 기분이 좋아지는 소리, 하프 소리에 주의를 기울이게 되므로 뇌는 그러한 정보를 포착해서 여러분에게 알려줍니다. 그러다 보면 예를 들어 유튜브 영상을 보다가 '하프 연주곡이네! 이곡, 좋은데! 듣고 있으면 기분이 좋아질 것 같아'하는 느낌의 곡을 우연히 만나게 됩니다.

　이를 단순한 우연이라 여기겠지만, 사실 여러분이 기분이 좋아지는 소리나 하프 소리를 찾으라는 지령을 내렸기 때문에 뇌가 찾아준 것입니다.

또 다른 예를 들어볼까요. '실천 편'의 Day 29에는

　　특별한 풍요로움이 가득한 일상.
　　너무나 당연해서 평소에 깨닫지 못한
　　풍요로움에 대해 생각했다.

라는 문장이 실려 있습니다. 만약 현재 경제적으로 어려워서 '난 왜 이렇게 돈이 없을까. 경제적으로 좀 더 풍족했으면 좋겠는데'라는 마음이 든다고 합시다. 아침에 쓰는 미래 일기에 실린 문장을 읽고 나면 너무나 당연해서 평소에 깨닫지 못한 풍요로움에 주의를 기울이게 되고, 뇌가 그러한 점을 찾기 시작합니다.

　'너무나 당연해서 평소에 깨닫지 못한 풍요로움이라…… 나에게 그런 게 뭐가 있을까? 아, 그렇지. 가족 모두가 건강하다는 점도 너무 당연하게 여겨 신경 쓴 적이 없지만, 생각해보면 그것도 풍

요로움에 해당할 수 있지 않을까. 사실 얼마나 감사한 일이야'

이런 식으로 나의 생각이 내가 유도하는 방향으로 향하게 됩니다. 여러분이 바라는 세계에 주의를 기울이면 뇌가 여러분이 바라는 것을 찾기 시작합니다.

지금 여러분 눈에 보이지 않는 것, 그래서 존재하지 않는다고 생각하는 것도 사실은 전부 이 세계에 존재합니다. 앞서 이야기한 그림에 가게 이름이 있었던 것처럼 사랑도, 풍요로움도, 행복도, 여러분이 바라는 것은 사실 전부 내 주변에 이미 존재합니다. 지금 당장 눈에 보이지 않고 인식하지 못하고 있을 뿐, 여러분이 주의를 기울이면 곧바로 여러분의 세계에 나타날 것입니다.

여러분이 바라는 세계에 주의를 기울여 뇌에 지령을 내려 찾게 하세요. 이를 돕는 것이 바로 아침에 쓰는 미래 일기입니다. 즉, 아침에 쓰는 미래 일기는 이제껏 늘 보던 가십이나 사건 사고 방송 프로그램을 하프의 탄생과 아름다운 음색의 비밀 같은 프로그램으로 단숨에 바꿔주는 텔레비전 리모컨 같은 존재입니다.

소원이 쉽게 이루어지는 마음으로
바뀌어 간다

•

우리는 방대한 정보가 SNS와 인터넷에 넘쳐흐르고, 무슨 일이든 신속함과 효율성을 추구하는 정보 사회에 살고 있습니다. SNS나 메신저 덕분에 지구 반대편에 있는 사람에게도 단숨에 메시지를 전달할 수 있는 매우 편리한 시대가 되었습니다. 하지만 글자 하나 하나에 정성을 담아 자신의 마음을 편지에 적거나, 무언가를 적는 과정을 통해 자신과 마주하고, 대화를 나누면서 자신의 내면을 들 여다보는 시간을 갖는 일이 거의 사라졌습니다.

아침에 쓰는 미래 일기 '실천 편'의 앞부분에 따라 쓰기를 할 수 있 도록 여러 문장을 흐릿하게 인쇄해놓은 데에는 중요한 이유가 있 습니다.

　　바로 생각을 멈추고 마음을 차분하게 가라앉히기 위해서입 니다. 우리는 아침에 일어나 밤에 잠들기 전까지 끊임없이 생각을 합니다. 어느 조사에 따르면 인간이 하루 동안 하는 생각의 횟수는 무려 약 6만 회에 달한다고 합니다.

입 밖으로 소리를 내지 않아도 '큰일 났다! 늦잠을 자버렸네. 알람이 왜 울리지 않은 거야?' '오늘은 날이 흐리네. 일기예보에 비가 온다는 말은 없었지만, 그래도 우산을 챙겨 가는 편이 좋겠다' '아, 맞다! 오늘 마감인 과제가 있었지. 잊지 않아 다행이다' '오늘 저녁에는 뭘 먹을까'……. 온갖 생각이 꼬리에 꼬리를 물고 이어져 잠시도 머리가 쉴 틈이 없습니다.

마음을 정화하는 '따라 쓰기'

아침에 쓰는 미래 일기는 매주 정해진 주제가 있고, 흐릿하게 인쇄된 문장을 매일 따라 적도록 구성되어 있습니다. 만약 평범한 일기장처럼 아무것도 적혀 있지 않고 처음부터 혼자 시작해야 한다면 아마 다음과 같은 생각이 들 것입니다.

'Week 4의 주제는 좋은 기분이네. 오늘 기분 좋았다고 할 만한 일이 없는데, 뭐라고 적지?'

'나는 단점투성이인 사람이라 내 매력을 쓰려니 딱히 적을 게 없는데.'

하지만 《아침에 쓰는 미래 일기》는 이미 일기장에 문장이 인쇄되어 있어서 무엇을 써야 할지 고민할 필요가 없습니다. 처음엔 일단 생각을 멈추고 마음을 비운 채 문장을 따라 쓰는 데에만 집중하면 됩니다.

이는 좋은 시나 글귀를 필사하는 것과 같은 효과가 있습니다. 지금, 이 순간에 일어나고 있는 자신의 경험에 주의를 기울이면서 펜을 잡은 손의 감각만 느끼며 일기에 인쇄된 글자를 천천히 공들여 따라 쓰는 데에만 온 신경을 집중합니다. 이러한 경험은 '지금, 여기'에 존재하는 나 자신에게 집중하는, 마음을 정화하는 효과를 발휘합니다.

실제로 해보면 알겠지만, 두세 줄에 불과한 짧은 문장을 한 글자씩 정성껏 따라 쓰기만 해도 마음이 차분해지고 모든 감각이 예민해지기 시작합니다. 이제껏 들리지 않던 새소리가 귓가에 들리기도 하고, 방 안의 향기가 코끝에 느껴지기도 합니다. 이런 상태는 명상이나 특정한 호흡법을 따라 했을 때 나타나는 효과와 매우 유사합니다.

명상이 정신을 안정시키는 세로토닌이나 궁극의 쾌감 호르몬이라 부르는 베타엔도르핀 같은 뇌 내 물질을 분비해 긴장을 풀어준다는 사실은 이미 과학적으로도 입증되었습니다.

따라 쓰기를 마치고 나서 스스로 생각해낸 문장을 일기에 적을 때는 긴장이 풀리고 마음이 안정된 상태에서 글을 쓸 수 있습니다.

머릿속이 온갖 생각으로 가득 차 있을 때는 직감조차 받아들이지 못해 좋은 아이디어를 떠올리기 어렵지만, 긴장이 풀리면 '알파파'라는 뇌파가 생성되며 창의력이 향상됩니다.

또 따라 쓰기를 하면 따라 쓴 문장에서 연상되는 이미지를 쉽게 떠올릴 수 있어 자신이 일기에 적은 소원이 실제로 이루어지는 순간을 상상하기가 수월해집니다. 그러면 그러한 이미지가 무의식 속에 쉽게 자리 잡습니다.

직감의 유통기한은 짧다

'실천 편' Day 46에는 이런 문장이 있습니다.

직감의 유통기한은 짧다.
문득 떠오른 생각을
곧바로 실천했더니 좋은 결과가 나왔다.

이 문장을 차분히 따라 쓴 뒤 "아, 그러고 보니 예전부터 가고 싶던 여행지가 문득 생각나네……." 하고 말하며 일기장에 다음과 같이 적었다고 해봅시다.

'예전부터 가고 싶던 여행지에 갑자기 갈 수 있게 되었다. 기가 막힌 타이밍에 꿈이 이루어져 기쁘다! 고마워.'

그렇게 일기를 적은 다음 별생각 없이 컴퓨터를 켰는데 갑자기 '○○기차 여행 파격 할인!'이라는 광고가 떴다. 검색해보니 오늘이 신청 마감일이었다. 곧바로 신청한 결과, 믿기 어려울 정도로 파격적인 가격에 유명한 여행지에 갈 수 있게 되었다. 이런 식의 일이 실제로 일어납니다.

손으로 쓰는 동작의 효과

손으로 쓰는 동작도 키보드를 두드리는 것에 비해 장점이 많습니다. 앨런 피즈와 바바라 피즈의 저서 《결국 해내는 사람들의 원칙》에 따르면 키보드를 두드리는 데 필요한 손가락 동작은 여덟 가지에 불과하지만, 손으로 글씨를 쓸 때 필요한 동작은 무려 1만 가지나 된다고 합니다.

여러분이 바라는 일을 손으로 적으면 그 과정에 필요한 복잡

한 손가락 동작들이 뇌의 신경회로를 활성화해서 여러분의 소원이나 꿈과 관련한 생각이 뇌에 더욱 선명하게 전달됩니다.

이처럼 아침에 쓰는 미래 일기는 여러분의 마음을 안정시켜 지금 여기, 자신이 존재하는 순간에 집중하고, 긴장을 풀어줍니다.

마음을 차분히 가라앉힌 상태에서 아침에 쓰는 미래 일기에 인쇄된 문장을 따라 적는 것은 앞으로 심을 씨앗이 잘 자라도록 좋은 토양을 준비하는 과정으로 볼 수 있습니다.

여러분이 심을 꿈의 씨앗이 쑥쑥 자라 꽃을 피울 수 있는 마음 상태로 만들어주는 것입니다.

긍정적 이미지를
잘 활용할 수 있게 된다

●

인간의 상상력은 믿을 수 없을 만큼 막강한 힘을 발휘합니다. 이미지의 힘이 얼마나 강력하며, 몸과 마음에 얼마나 영향을 미치는지는 이미 다양한 연구를 통해 밝혀지고 있습니다.

사실 인간의 뇌는 실제로 일어나고 있는 일과 상상 속의 일을 구별하지 못합니다. 세계적인 운동선수들이 이미지 트레이닝에 상당한 시간을 들이는 이유도 이러한 상상 속의 트레이닝이 실제로 경기력을 향상하기 때문입니다.

한 유명 피겨스케이팅 선수는 한 번도 해본 적 없는 새로운 기술에 도전할 때, 반드시 머릿속으로 자신이 그 기술을 사용하는 모습을 미리 떠올려본다고 합니다.

이미지 트레이닝으로 할 수 있는 일은 이것뿐만이 아닙니다. 심지어 몸속 세포를 변화시키는 일마저 가능합니다. 스포츠심리학 분야에서는 이미지 트레이닝만 했는데도 근력이 향상되었다는 연구 결과를 제시한 논문이 이미 여럿 발표되었습니다.

무엇을 상상하느냐에 따라 사람의 기분이나 사고 또한 달라질 수 있습니다. 긍정심리학 분야에서도 미래에 최고가 된 자신의 모습을 상상하거나 감사한 일을 적는 행동은 그 사람의 행복도나 건강 향상에 영향을 끼친다는 연구 결과가 보고되고 있습니다.

행복해지고 싶다면 우선 표현을 바꾸자

아침에 쓰는 미래 일기에서 따라 적는 과정은 여러분이 바라는 세계를 상상할 수 있게 해줍니다. 이를 가능케 하는 열쇠가 바로 '말'입니다.

예를 들어 "눈을 감고 한번 상상해보세요"라는 말을 들으면 머릿속에 물음표가 가득해질 뿐 무엇을 어떻게 하라는 것인지 알 수 없지만, "눈을 감고 바나나를 한번 떠올려보세요"라는 말을 들으면 순식간에 바나나의 이미지가 머릿속에 떠오릅니다. 이처럼 이미지를 떠올리기 위해서는 말이 중요합니다.

"환경 파괴"라는 말을 들으면 파괴된 환경의 이미지가 떠오르면서 '앞으로 이 지구는 어떻게 되는 걸까? 과연 괜찮을까?' 하는 생각이 들어 우울하고 답답해집니다.

"아름다운 지구"라는 말을 들으면 아름다운 지구의 이미지가

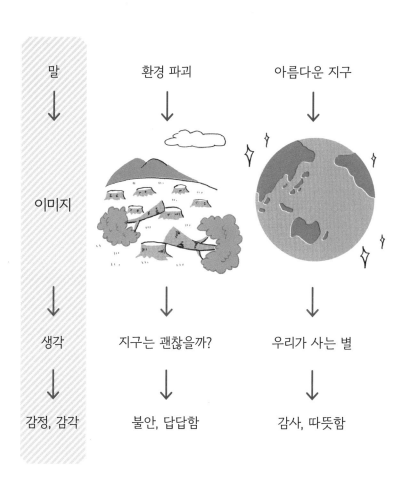

말 → 이미지 → 생각 → 감정, 감각

환경 파괴 → 지구는 괜찮을까? → 불안, 답답함

아름다운 지구 → 우리가 사는 별 → 감사, 따뜻함

떠오르면서 '우리가 이런 별에 살고 있구나'라는 생각과 함께 감사한 마음이 들고 가슴이 따뜻해집니다.

이처럼 말은 이미지로, 이미지는 생각으로, 생각은 감정과 신체 감각으로 이어집니다.

말 ⟶ 이미지 ⟶ 생각 ⟶ 감정, 감각

그러므로 늘 기분 좋게 지내고 싶다면, 행복해지고 싶다면 우선 말부터 바꿔야 합니다. 아침에 쓰는 미래 일기에는 여러분이 바라는 세계를 떠올릴 수 있는 말을 의도적으로 넣어두었습니다.

소원을 이루는 가장 강력한 방법

이미지를 떠올리기가 쉽지 않다고 이야기하는 사람이 있는데, 실은 그렇지 않습니다. 누구에게나 상상력은 존재합니다. 다만 상상력을 끌어낼 만한 말을 자신에게 던지고 있는지, 그리고 그러한 말을 자신이 바라는 방향으로 던지고 있는지 아니면 바라지 않는 방향으로 던지고 있는지, 오직 그 차이만 있을 뿐입니다.

항상 바라는 일을 떠올리는 사람은 늘 기분이 좋고 가슴이 두근거립니다. 그러나 늘 자신이 바라지 않는 일만 떠올리는 사람은 불안하고 우울한 감정을 느낄 때가 많습니다. 스스로 깨닫지 못하고 있을 뿐, 누구나 어느 쪽으로든 상상력을 발휘하고 있는 것입니다.

이루고 싶은 꿈을 마치 이미 이룬 것처럼 생생하게 떠올리면서 이를 오감으로 느끼고, 그 순간의 감정을 경험하는 것이 소원을 이루는 가장 강력한 방법입니다. '마치 이미 이룬 것처럼'이라는 부분이 바로 일기에 해당합니다.

아침에 쓰는 미래 일기를 매일 꼬박꼬박 적다 보면 이미 지니고 있는 풍부한 상상력을 자신이 바라는 세계를 실현하는 데 사용할 수 있게 됩니다.

나도 모르게 행동이 바뀌는
프레이밍 효과

●

이번에도 퀴즈를 한번 풀어봅시다.

Q1 지금부터 1분 동안 과일 이름을 최대한 많이 적어보세요.

Q2 빨간 물건 세 가지를 떠오르는 대로 적어보세요.

여러분은 Q2에서 어떤 빨간 물건을 적으셨나요? 혹시 여러분이 쓴 세 가지 답 중 '사과'나 '딸기'가 있지 않나요?

Q1에서 만약 자동차 관련 질문이 나왔다면 빨간 물건을 물었을 때 '신호'나 '소방차'를 답으로 적을 가능성이 높습니다.

이처럼 우리의 사고나 행동은 앞서 주어진 단어나 별생각 없이 본 영상, 어디선가 들려온 음성 같은 정보에 자신도 모르는 사이에 영향을 받습니다. 이를 심리학에서는 '프레이밍 효과(framing effect)'라고 부릅니다.

피실험자에게 '고령자'와 관련한 용어를 여러 개 제시했더니 본인도 깨닫지 못하는 사이에 걸음이 차츰 느려졌다거나, 달리기 선수가 결승 테이프를 끊는 사진을 보여주었더니 자연스레 업무 성과가 향상되었다는 식의 프레이밍 효과를 다룬 수많은 연구 결과가 발표되어 있습니다.

이 책의 후반부 '실천 편'에서 소개하고 있는 따라 쓰기 문장들도 실은 이러한 프레이밍 효과를 활용할 수 있도록 의도적으로 준비한 것입니다.

예를 들어 Day 10의 페이지를 펼치면 따라 적어야 할 문장이 가장 먼저 눈에 들어옵니다. 문장을 따라 적는 동안에도 당연히 문장에 집중하게 됩니다. 문장을 따라 쓴 다음, 자기 생각을 글로 적을 때도 앞서 따라 쓴 문장이 계속 여러분의 시야에 들어옵니다.

게다가 다음 날인 Day 11에 새로운 문장을 따라 적을 때도, 자연스레 앞 페이지에 적힌 따라 쓰기 문장이 실제로 시야에 들어옵니다.

좋은 일이 계속 일어나기 시작한다

아침에 쓰는 미래 일기는 49일 동안 작성하도록 구성되어 있는데, 인쇄된 문장은 불안보다는 안심, 분쟁보다는 평화, 단점보다는 장점, 부족한 것보다는 충만한 것, 질병보다는 건강, 불만보다는 만족, 절망이 아닌 희망, 불평이 아닌 감사, 불행이 아닌 행복 등 여러분이 바라는 세계에 주의를 기울일 수 있는 문장으로 채워져 있습니다.

따라 적은 문장을 매일 별생각 없이 보기만 해도 생각과 행동이 어느새 영향을 받게 되어 여러분이 바라는 일을 생각하거나 행동하게 될 것입니다.

아침에 쓰는 미래 일기를 적고 있는 사람들과 이야기하다 보면 "어쩐 일인지 요즘 운이 부쩍 좋은 것 같다" "신기하게도 주변 사람들이 내게 상냥해졌다" 같은 말을 자주 듣곤 합니다. 이는 자신의 생각이나 행동이 바뀐 것을 자각하지 못하고, 주변 사람들이 갑자기 상냥해지거나 운이 좋다고 느끼는 것입니다.

하지만 실제로는 표정이 부드러워졌거나 미소 짓는 일이 늘어났거나 말투가 변했거나 감사하는 마음이 넘치는 등 자신도 모르는 사이에 태도나 행동이 달라졌다는 증거입니다.

내 주변 세계, 나에게 보이는 세계는 여러분의 내면을 비추는 거울입니다. 여러분의 세계에 나타나는 등장인물의 태도가 변하거나, 일어나는 일들이 변하기 시작한다면 '아, 나의 내면이 바뀌고 있구나'라고 생각하시기 바랍니다.

여러분도 아침에 쓰는 미래 일기를 적으며 이와 같이 나를 둘러싼 세계가 바뀌는 경험을 꼭 해보시기 바랍니다.

두근거리고 설레는 일만
생각하게 된다

●

아침에 쓰는 미래 일기는 오랫동안 고착화해서 무의식적으로 튀어나오는 생각이나 이미지를 여러분이 바라는 일로 연결되는 생각이나 이미지로 자연스럽게 바꾸어나갑니다.

퀴즈를 한번 풀어보겠습니다.

다음 문장을 읽고 순간적으로 떠오른 말을 괄호 안에 적어보시기 바랍니다.

❶ ♪공무원 합격은 (   )♪
❷ 나는 (   )이 없다.
❸ 돈을 버는 것은 (   ).

❶은 "♪공무원 합격은 ○○○♪"이라는 노래를 들은 사람이라면 누구나 자연스레 '에듀윌'이라는 광고를 떠올릴 것입니다. 독서실

이나 다른 학원을 떠올릴 사람은 없겠지요. 이는 반복에 따른 뇌의 학습 성과입니다. 특정 광고를 여러 번 반복해서 들은 결과, '공무원 합격'이라는 말을 들으면 자연스레 에듀윌이 떠오르게 되는 것입니다.

사고의 과정도 이와 마찬가지로, 몇 번씩 반복해서 무의식에 박혀버리면 의식하지 않아도 자연스레 연결 또는 연상이 됩니다.

예를 들어 여러분은 ❷의 '나는 ( )이 없다'에는 어떤 말을 넣었나요?

> A) 자신감이 없다, 돈이 없다, 운이 없다, 매력이 없다, 시간이 없다, 인맥이 없다, 재능이 없다, 신용이 없다, 용기가 없다, 희망이 없다, 밝은 미래가 없다, 빼어난 외모가 없다
>
> B) 불안감이 없다, 걱정이 없다, 두려움이 없다, 망설임이 없다, 미련이 없다, 거짓이 없다, 위선이 없다, 꿍꿍이가 없다, 불가능한 일이 없다

사람들은 대부분 A 그룹에 속한 표현을 떠올립니다. B 그룹에 속한 표현을 선택하는 사람은 매우 적습니다. 순간적으로 A 그룹에 속한 표현이 떠오른 사람은 무의식중에라도 '나에게 그 부분이 부족해서 갖고 싶다'고 늘 생각하고 있다는 뜻입니다. 즉 '○○이 없

다'라는 점을 늘 의식하고 있는 것입니다.

❸의 괄호 안에는 어떤 말을 적으셨나요?

A) 어렵다, 힘들다, 괴롭다, 불가능하다, 시간이 걸린다, 무리다

B) 즐겁다, 쉽다, 설렌다, 중요하다, 좋은 일이다, 당연하다, 최고다

이 문제에서도 A 그룹에 속한 표현을 떠올린 사람이 대다수이겠지만, B 그룹에 속한 표현을 선택하는 사람도 있습니다.

여러분은 어느 쪽입니까?

냉장고에 넣어둔 초콜릿이 절반 정도 남아 있는 것을 보고

　'아직 반이나 남았네'라고 생각하는 사람과

　'벌써 반이나 먹었잖아!'라고 생각하는 사람.

선배에게 무언가를 부탁하는 메시지를 보냈는데 답장이 없을 때

　'내 부탁이 기분 나빴나?'라고 생각하는 사람과

　'오늘 바쁜 모양이네'라고 신경 쓰지 않는 사람.

실수를 저질러 상사에게 혼났을 때
'어휴, 난 도대체 왜 이 모양일까' 하고 낙담하는 사람과
'실수할 수도 있지. 다음엔 조심해야지'라고 받아들이는 사람.

강연에서 강사가 "이렇게 하면 성공할 겁니다!"라고 말했을 때
'그렇구나! 한번 해보자'라고 생각하는 사람과
'뭐라는 거야. 그렇게 한다고 잘되겠어?'라고 생각하는 사람.

"정말 수고했어"라고 칭찬받았을 때
'그래, 나 정말 열심히 했다니까. 기특해!'라고 생각하는 사람과
'아니야, 이걸로는 부족해. 더 열심히 해야 돼'하는 사람.

자신이 이루고 싶어 했던 꿈을 친구가 이루었을 때
'나도 목표에 가까이 가고 있다는 증거야. 다음에는 틀림없이
내 차례가 올 거야!'라고 생각하는 사람과
'왜 저 사람만 꿈이 이루어지고, 나는 안 되는 거지? 이건 불
공평해!'라고 생각하는 사람.

똑같은 사실을 두고도 사람은 저마다 다르게 받아들입니다. 어느

쪽이 더 옳다거나 정답에 가깝다는 뜻은 아닙니다.

무의식에 깊이 새겨진 생각이 행동을 조종한다

이러한 사고 유형의 차이는 어디에서 기인한 것일까요? 사실 태어나는 순간, '나는 자신감이 없다' '나는 매력이 없다'라고 생각하는 갓난아기는 없습니다.

태어난 그 순간에는 우리 모두 마치 새하얀 백지처럼 어떠한 사고 유형도 알지 못합니다. 하지만 성장하는 과정 중 가정이나 학교 등에서 다양한 말을 듣고 교육을 받으면서 지금의 사고 유형이 만들어집니다.

그중에서 가장 큰 영향을 끼치는 것이 바로 부모나 친척 등 가까운 어른에게 반복적으로 듣는 말입니다. 여러분이 기억하지 못하더라도 이러한 말들은 무의식에 깊이 새겨집니다.

예를 들어 사업에 실패해 빚더미에 앉은 부모를 보고 자란 아이의 경우, '돈을 버는 것은 어렵다'라는 식의 부정적 표현을 떠올리기 마련입니다. 반대로 자신이 좋아하는 일을 하면서 돈도 벌고 다른 사람들에게 즐거움을 선사하는 부모를 보고 자란 아이는 '돈을 버는 것은 즐겁다' 같은 긍정적 표현을 떠올릴 것입니다.

우리는 스스로 생각해서 행동한다고 여기지만, 사실 우리의 행동은 대부분 자라온 가정환경이나 교육을 통해 무의식에 깊이 새겨진 사고가 조종합니다. 신발을 신을 때 어느 쪽 발부터 넣을 것인지 생각하지 않아도 저절로 행동하는 것처럼 우리가 하는 행동의 90% 이상은 자각하지 못한 상태에서 이루어집니다.

'바라는 일'과 '바라지 않는 일' 어느 쪽을 의식하나요?

다음 페이지에 나온 그림을 한번 보시기 바랍니다.

여러분은 어느 쪽 사과에 눈길이 갑니까? 대부분 사람은 갉아 먹은 사과를 더 잘 기억합니다. 무언가 부족한 쪽에 자연히 주의를 기울이게 되는 것입니다.

직장이나 학교에 자신을 괴롭히는 사람이 한 명 있으면 온 신경이 그 사람에게만 쏠려 대다수의 친절한 사람이 눈에 들어오지 않는 것과 마찬가지입니다. 대부분의 사람이 보이는 사고 유형입니다.

여러분은 하루 중 바라는 일과 바라지 않는 일을 어느 정도의 비율로 생각하고 있습니까?

여러분은 어느 쪽에 시선이 갑니까?

부족한 쪽에 관심이 간다

이에 대한 답은 자신의 감정을 관찰하면 금방 알 수 있습니다. 바라지 않는 일을 생각할 때는 불안하거나 불쾌한 감정이 듭니다. 반대로 자신이 바라는 일을 생각할 때는 가슴이 설레고 기분이 좋아집니다.

여러분은 불안을 느끼는 순간과 저절로 웃음이 나올 만큼 설레는 순간 중 어느 쪽을 더 많이 경험합니까? 하루 중 두근거리고 설레는 순간이 얼마나 됩니까?

미디어에서 흘러나오는 뉴스 등 주변의 영향으로 우리는 자신도 모르게 바라지 않는 일만 생각하기 쉽습니다. 만약 늘 바라는 일만 생각한다면 온종일 가슴 설레고, 미소가 절로 지어지겠지만, 그런 사람은 거의 없습니다. 그 정도로 우리는 평소에 자신도 모르게 바라는 일보다 바라지 않는 일을 더 많이 생각하고 있습니다.

예를 들어 세상에는 '이 오디션에 합격해 가수로 데뷔하면 내가 좋아하는 노래를 매일 부르면서 많은 사람을 기쁘게 할 수 있겠지!'라는 생각으로 오디션에 참가하는 사람보다 '나는 재능이 없어서 어차피 합격하지도 못할 텐데 이제 헛된 꿈은 그만 꾸자……'라는 생각으로 오디션을 보는 것조차 포기해버리는 사람이 훨씬 많을 것입니다.

여러분의 무의식에 깊이 새겨진 사고 유형이 여러분이 바라는 세계를 비추고 있다면 아무 문제도 없습니다. 하지만 만약 지금 여러분이 바라지 않는 세계를 비추고 있다면 여러분의 무의식에 깊이 박혀 있는 사고 유형을 바꾸지 않는 이상 여러분의 세계는 변하지 않을 것입니다.

사고 유형을 바꾸는 방법

그렇다면 어떻게 해야 무의식에 깊이 박혀 있는, 나를 힘들게 하는 사고 유형을 고칠 수 있을까요? 간단합니다. 반복하고 또 반복하면 됩니다.

"공무원 합격은 에듀윌♪"이라는 광고 문구는 몇 번이나 반복해서 듣다 보니 여러분의 뇌리에 깊이 새겨졌습니다. 이것을 "공무원 합격은 독서실♪"이라고 반복해서 부르다 보면 어느 순간 "공무원 합격은"이라는 말을 듣는 순간 "독서실"이 절로 튀어나옵니다.

여러분의 사고도 마찬가지입니다.

'나는 (자신감)이 없다'를 '나는 (불가능한 일)이 없다'로,

'돈을 버는 것은 (어렵다)'를 '돈을 버는 것은 (쉽다)'로, 자연스럽게 튀어나오는 말을 새로운 표현으로 바꿀 수 있습니다.

이처럼 사고 유형을 바꿀 수 있게 도와주는 것이 바로 아침에 쓰는 미래 일기입니다. 매일 일기장에 나와 있는 문장을 따라 쓰고 크게 소리 내어 읽으면서 무의식에 새겨진 사고 유형을 조금씩 변화시켜나가는 것입니다.

아침에 쓰는 미래 일기를 적다 보면 각 주제에 대해 일주일 동안 꾸준히 생각해볼 수 있습니다.

예를 들어 Week 5의 주제는 '풍요로움'인데, 이제껏 생각해본 적이 없던 다양한 풍요로움에 대해 생각해볼 수 있습니다. 주변의 풍요로움을 인식하는 문장을 만들기 위해 상당히 공을 들였습니다.

이제껏 살면서 풍요로움을 경험해본 적이 없거나, 현재 풍요로움과는 거리가 먼 상황에 있다 하더라도 풍요로움에 대한 글을 매일 읽고 따라 쓰는 과정을 통해 지금, 내 주변에 있는 풍요로움을 깨달을 수 있고, 그렇게 무의식에 풍요로움의 이미지를 조금씩 새겨나갑니다.

이러한 과정을 몇 번씩 반복하다 보면 뇌가 풍요로움에 대한 정보를 자동으로 찾아내 여러분에게 보여주게 될 것입니다.

어쩐지 요즘 운이 좋다!

아침에 쓰는 미래 일기를 꾸준히 작성하다 보면 어느 순간 생각이 자연스레 변화했다는 사실을 깨닫는 날이 올 것입니다.

예를 들어 예전에는 월요일 아침에 눈뜨면 '어휴, 앞으로 일주일 동안 또 회사에, 학교에 어떻게 가냐. 얼른 금요일이 왔으면 좋겠다'라는 생각이 들었지만, 이제는 '오늘부터 또 새로운 한 주가 시작되네. 이번 주에는 어떤 즐거운 일이 나를 기다리고 있을까?' 하는 식으로 생각한다는 것을 깨달을지도 모릅니다.

새로운 사고 유형이 습관이 되면 그때부터는 무의식이 행동을 자동으로 조종합니다. 그러면 바람직한 일에 신경 써서 주의를 기울이거나 노력할 필요가 없어집니다.

의식하지 않아도 '오늘은 어떤 좋은 일이 일어날까?' '어떤 새로운 경험을 하게 될까?' '오늘은 누구를 기쁘게 할 수 있을까?' '오늘도 아침에 눈을 떴어. 살아 있다는 것만으로 감사하자' 같은 생각을 저절로 하게 됩니다.

조금 전에도 설명했지만, 이렇게 되면 뇌는 여러분이 주의를 기울이는 것들을 찾아줍니다. 여러분이 바라는 일에 초점을 맞추는 사고 유형이 습관이 되면 우리 뇌는 늘 여러분이 바라는 일을 찾아

주려 노력하고, 그러면 자연히 여러분이 바라는 세계가 조금씩 열리게 됩니다.

'이유는 모르겠지만 어쩐지 요즘 운이 좋은 것 같아' '나는 아무것도 하지 않았는데, 주위 사람들이 갑자기 친절해졌어'라는 식으로 여러분도 그러한 변화를 느낄 것입니다.

Chapter

3

이렇게 적었더니 이런 일이 일어났다!

인생이 완전히
달라진 사람들

점점 더 좋은 일이!
누구나 소원이 이루어진다

●

이 책을 출판하기 전까지 아침에 쓰는 미래 일기는 저와 친구가 직접 제작한 소책자 형태로 강연과 워크숍에서 교재로 사용했습니다. 참가자들에게 일기를 적게 하고, 겨우 며칠이 지나자 "좋은 일이 생겼어요!"라며 놀라움과 기쁨을 담은 감사 메시지가 도착하기 시작했습니다.

참가자들에게 받은 메시지를 읽으면서 아침에 쓰는 미래 일기를 쓸수록 누구에게나, 어떤 상황에서도 좋은 일이 더 많이 일어난다는 보편적인 법칙을 실감했습니다.

아침에 쓰는 미래 일기를 통해 여러분이 더 멋진 삶을 충실히 살아갈 수 있기를 바랍니다.

여러분이 해야 할 일은 앞서 소개한 방법대로 일기를 쓰는 것뿐입니다. 오직 '아침마다 3분 동안, 일기를 쓰는' 간단한 방법을 실천

한 사람만이 점점 더 좋은 일이 일어나고 소원이 이루어지는 것을 경험할 수 있습니다.

이번 장에서는 여러분보다 조금 먼저 일기를 쓰기 시작한 사람들의 메시지를 소개하고, 그분들이 일기를 어떤 식으로 썼는지, 그리고 어떤 변화가 일어났는지 살펴보면서 일기를 효과적으로 적는 포인트를 이야기하려고 합니다.

happiness 1
자금 문제 해결!
무언가에 홀린 기분이다

●

회사를 경영하는 M 씨는 성실해 보이는 50대 남성입니다. '아침에 쓰는 미래 일기 워크숍'이 열리던 2월 11일, 회사 자금이 부족하다는 사실을 발견하고 '내가 지금 이런 워크숍에 가도 되는 건가' 반신반의하면서도 지푸라기라도 잡는 심정으로 참석했다고 합니다. 워크숍에서는 참가자들에게 대부분의 시간 동안 조용히 아침에 쓰는 미래 일기를 작성하도록 했기 때문에 '이런 걸 한다고 과연 일이 잘 풀릴까?' 하고 미심쩍어하는 모습이 엿보였습니다. 하지만 워크숍을 마친 후 실시한 설문 조사에는 '좋은 경험담을 들을 수 있어 좋았고, 깊이 공감할 수 있었습니다' '즐거운 시간이었고, 이해도 잘되었습니다. 감사합니다'라고 적혀 있었습니다.

그로부터 이틀이 지났을 때, M 씨에게서 갑자기 메일이 도착했습니다.

안녕하십니까? 곧바로 아침에 쓰는 미래 일기의 놀라운 효과가
나타났습니다! 어제 아침에 일기에 다음과 같이 적었습니다.

'오늘도 또 매출액이 늘었다! 기쁘다. 이로써 안심이다. 감사
하다. 주문도 잔뜩 들어와서 엄청 바쁘다. 안전하고 수월하게
공장을 돌릴 수 있었다. 돈이 하늘에서 떨어지는 것만 같다.
고맙다. 감사하다!'

그랬더니 지금은 자금 융통이 원활해졌습니다. 저녁에 통장을 정
리했더니 3,700만 원이 입금되어 오늘 지불하기로 약속한 2,700
만 원을 아무 문제 없이 마련할 수 있었습니다. 정말 대단합니다.
너무나도 기쁘고 감사합니다!

M 씨는 크게 기뻐했고, 그때부터 아침에 쓰는 미래 일기를 적는
데 재미를 붙인 듯했습니다. 그로부터 5일이 지난 뒤, 다시 M 씨에
게서 두 번째 메일이 도착했습니다.

2월 18일

안녕하십니까? 또 놀라운 결과가 나왔습니다.
오늘 예정에 없던 주문이 급히 들어와 매출이 2,000~3,000만 원

정도 올라 이번 달에 흑자를 보게 되었습니다. 평소에는 고객에게 주문을 받으면 견적서 작성 → 고객의 확정 → 일정 조정 → 제작 과정을 거치느라 시간이 걸리는데, 이번엔 달랐습니다. 게다가 원래 2월은 일이 들어오지 않는 시기인데 깜짝 놀랐습니다. 매우 기쁩니다. 정말 감사합니다!

일기를 쓴 뒤 실제로 갑자기 주문이 늘고 자금 조달이 원활해져 너무나 놀랐고 결과에 기뻐한 M 씨. 그는 이제 아침마다 설레는 마음으로 아침에 쓰는 미래 일기를 작성하게 되었고, 그 후로도 좋은 일이 계속해서 일어났습니다.

왜 이렇게 좋은 일이 일어난 걸까?

2월 29일

우리 회사는 매년 2월이면 매출이 주춤해지는 데다 12월에 대량으로 구매한 물품의 비용을 지급해야 하기에 자금 조달에 어려움이 많습니다. 2월 11일에 참석한 워크숍도 실은 '가뜩이나 힘든 시기인데 워크숍 같은 데 가도 되나?'라는 심정으로 참석한 것이었습니다.

하지만 아침에 쓰는 미래 일기를 쓰다 보니 평소 같으면 "아이고, 이번 달도 자금이 부족한데 어떡하지. 큰일이네!"라며 걱정했을 텐데, 그런 걱정은 싹 다 잊고 '잘 모르겠지만, 어떻게든 될 거야!' '오늘도 매출이 올라 웃음이 저절로 나오네' '행복하고 감사합니다!'라는 식으로 생각을 바꾸게 되었습니다. 그러자 신기하게도 어떻게든 잘 해결이 되었습니다. 항상 자금이 부족하다고 생각했는데……. 거참, 신기한 일입니다. 어쨌거나 기쁜 마음에 이렇게 연락을 드립니다. 정말 고맙습니다!

4월 22일
안녕하십니까? 2월 11일부터 쓰기 시작한 아침에 쓰는 미래 일기를 오늘 끝마쳤습니다. 아침마다 일기를 쓰는 시간이 즐거웠고, 확실히 좋은 결과를 낳게 되었습니다. 앞으로도 계속 쓸 생각입니다. 감사합니다!

M 씨에게는 어떻게 이렇게나 빨리 좋은 일이 일어났고, 또 좋은 일이 계속 이어질 수 있었을까요? 그 비결은 M 씨가 배운 대로 순수하게 따라 했다는 점에 있습니다.

먼저 심호흡을 한 다음, 현재 자신이 처한 상황에서 조금 떨어진 상태에서 일기장에 소개한 문장을 정성껏 따라 쓰고, 그런 다음 바로 오늘 일어났으면 하는 일을 미리 적는 것.

이러한 방법을 꾸준히 지속한 결과, 아침에 적은 내용이 며칠 안에 실제로 일어나는 경험을 반복하게 되었습니다. M 씨가 이제 껏 당연하게 생각하던 '자금 조달이 어려워 불안에 떨었던 일상' 이 '자금 융통이 원활한 일상'으로 바뀌기 시작했습니다.

이게 대체 무슨 일이야! 전년 대비 51.4%의 매출 증가

7월 2일

코로나19의 영향으로 5월 매출은 전년 동월 대비 20.2% 감소했습니다. 하지만 선생님의 말씀을 몇 번이나 되새기며 마음을 고쳐먹고 '오늘도 매출이 쑥쑥 증가해 웃음이 멈추질 않는다'라며 주위 사람들이 기뻐하는 모습을 떠올리고, 바람직한 미래에 초점을 맞춘 채로 밝게 지냈더니 6월 매출이 전년 대비 51.4%나 증가했습니다. 아니, 이게 대체 뭔 일이래요! 허허, 아직도 무언가에 홀린 듯한 기분입니다. 하지만 좋은 소식이지요!

예전에 저도 공사를 의뢰한 점주에게 속아 넘어가 넋이 나갔을 때는 그동안 행복하고 무탈하게 지내온 터라 예상치 못한 상황에 놀라 마치 귀신에 홀린 듯한 기분에 빠진 적이 있습니다.

하지만 이와는 반대로 M 씨는 오랫동안 자금 부족에 대한 불안감을 안은 채로 살아왔기에 무의식에 깊이 새겨진 '불안감'이 기준이 되어버렸습니다.

그래서 자신은 바라지 않지만, 불안한 상태에 놓여야 오히려 '그래! 이게 내가 익숙하고 당연하게 느끼던 그 안정된 느낌이야!'라고 묘하게 받아들여 머리로는 곤란해하면서도, 마음속 깊은 곳에서는 어딘지 모르게 안심해버리곤 했습니다. 그러다 자신이 바라는 대로 일이 잘 풀리자 이번에는 '잘되는 것이 당연하다'라고 생각하지 못하고 마치 무언가에 홀린 듯한 기분마저 든 것입니다.

신기해 보일 수 있지만, 예를 들어 좋은 일만 일어날 경우 홀린 듯한 기분이 들어 '이렇게 계속 좋은 일만 일어날 리 없어'라든가 '나쁜 일이 일어날 징조일지도 몰라' 하는 식으로 생각하는 일이 꽤 많습니다.

M 씨는 메시지 속에서 '마음을 고쳐먹고'라고도 이야기하고 있습니다. 아침에 쓰는 미래 일기에 소개된 문장을 따라 적다 보면 점점 무심해진다는 사실을 깨닫겠지만, 이때는 이미 과거의 심리적

습관은 사라진 상태입니다.

따라 쓰기용 문장은 누가 적더라도 마음이 원하는 쪽으로 향하도록 구성되어 있으므로 차분한 마음으로 정성껏 따라 적다 보면 자연히 그 말이 마음에 새겨지게 됩니다.

앞으로도 M 씨가 '좋은 일이 일어나는 것'이나 '풍요로운 행복'을 당연하게 받아들일 때까지 꾸준히 일기를 계속 쓰기를 바랍니다.

happiness 2

5,000만 원을 원한다고 썼더니
5,000만 원이 생겼다

●

40대 여성인 B 씨는 이사를 앞두고 있었습니다. "5,000만 원만 있으면 새 차와 새 가구를 살 수 있을 텐데……" 하고 아쉬워하던 때에 아침에 쓰는 미래 일기를 작성하기 시작했습니다. 일기를 적기 시작한 지 얼마 지나지 않아 5,000만 원이 들어오는 놀라운 경험을 한 B 씨는 흥분된 상태에서 이 기쁨을 전하고자 메일을 보내왔습니다.

10월 16일

이사를 앞두고 새로운 가구와 자동차를 구입할 자금이 필요해 아침에 쓰는 미래 일기를 작성한 지 이틀째 되던 날, '정말 현금 5,000만 원이 굴러 들어왔습니다! 감사합니다!'라고 설레는 마음으로 일기를 적었습니다. 그리고 예쁜 주머니에 진짜 지폐처럼 생긴 메모지와 1만 원을 겹쳐 넣어 마치 주머니에 지폐 다발이 든 것

Chapter 3 • 인생이 완전히 달라진 사람들 _____ 119

처럼 만들어서 집에 실제로 걸어두고 보면서 머릿속으로 일기에 쓴 대로 그렇게 상상했습니다.

다음 날 일기에는 돈을 구체적으로 어디에 사용할지 조목조목 썼습니다. 그리고 '정말 현금 5,000만 원이 굴러 들어왔습니다! 감사합니다!'라고 쓴 지 사흘 뒤에, 실제로 10년에 걸쳐 돌아올 줄 알았던, 아니 돌아올 기미조차 없던 5,000만 원이 손에 들어왔습니다. 이것은 정말 기적입니다. 정말 감사하고 기쁩니다!

B 씨는 아침에 일기를 쓰고 나자 실제로 소원이 이루어질지 궁금하기도 하고, 괜히 기쁘고 설레어서 그날 하루 동안 싱글벙글 웃으며 지냈다고 합니다. B 씨는 아마 그런 점이 좋은 결과를 가져온 것 같다고 이야기했습니다. 이 밖에도 B 씨는 메일에 적은 것처럼 메모지를 지폐 다발처럼 만들어서 실제로 돈이 있는 상태를 즐겁게 상상하면서 웃을 수 있게 궁리하기도 했지요.

개인적인 부분이므로 자세히 묻지는 못했지만, 5,000만 원이 돌아왔다는 것은 아마도 '빌려 주었던 돈을 돌려받았다'라는 뜻일 것입니다.

처음에 퍼뜩 떠올린 금액이 5,000만 원이었던 것은 아마 본

인은 의식하지 못했지만, 마음속 깊은 곳에서는 '그 돈을 돌려받으면 새 차나 가구를 살 수 있을 텐데……'라고 아쉬워하던 감정이 갑자기 떠오른 것 같습니다.

B 씨의 말처럼 지금까지는 돌아올 기미가 없어 돈을 돌려받는 것을 포기하고 있었습니다. 하지만 아침에 쓰는 미래 일기에 '정말 현금 5,000만 원이 굴러 들어왔습니다! 감사합니다!'라고 적자 그 돈을 다시 돌아올 돈으로 생각하게 된 겁니다. 그리고 그 마음은 상대에게도 전해졌을 것입니다.

심층 심리가 바뀌는 순간

가까운 사람에게 큰돈을 빌린 경험이 있다면 알겠지만, 떼어먹을 생각으로 빌리는 범죄가 아닌 이상, '언제라도 반드시 갚고 싶다'는 마음이 자리 잡습니다. 그리고 돈을 빌려준 사람이 성인군자처럼 느긋한 태도를 보일수록 돈을 빌린 사람은 갚고 싶은 마음이 강해지는 성향이 있으며, 돈을 빌린 사람의 그런 마음은 신기하게도 돈을 빌려준 사람에게 전해집니다.

B 씨는 "애초에 갚을 마음이 없었지?"라고 상대방을 강하게 몰아

붙이지도 않았고, "언젠가 한꺼번에 갚을 것이라 믿고 있어"라고 말하지도 않았습니다. 하지만 이번에는 B 씨의 심층 심리가 한순간에 바뀌었다는 사실이 상대방에게도 전해진 것입니다.

그리고 상대방은 수중에 돈이 생기자 자신도 모르게 '이제껏 다른 빚을 갚느라 바빴지만, 이번에는 B 씨에게 빌린 돈을 갚고 싶다'는 느낌이 들어 곧바로 행동에 옮긴 것이라 상상해봅니다.

예를 들어 식물도 스피커에서 흘러나오는 소리의 주파수에 따라 시들거나 쑥쑥 자라나는 변화를 보인다는 실험 결과가 있습니다. 인간의 사고나 감정에도 주파수가 존재한다는 사실 또한 과학적으로 밝혀졌습니다.

눈에는 보이지 않지만, 그동안 B 씨가 보낸 심층 심리의 주파수가 상대방을 시들게 하는 주파수에서 쑥쑥 자라나게 하는 주파수로 바뀌어 상대방에게 전해진 덕분에 결과가 갑자기 뒤바뀐 것인지도 모릅니다.

극적인 경험을 한 B 씨에게는 이제 요령이 생겼을 것입니다. 부디 앞으로도 아침에 쓰는 미래 일기를 통해 돈뿐만이 아니라 다른 일에서도 좋은 변화가 일어나 기적이라고 부를 만한 경험을 늘려갔으면 합니다.

여러분도 B 씨처럼 여러 가지 일이 좋은 쪽으로 바뀌는 변화를 꼭 경험해보시기 바랍니다.

happiness 3
오랫동안 꿈꿔온 일이 현실이 되었다

●

P 씨는 50대 여성으로, 가정적이고 상냥한 어머니입니다. 이제껏 해온 일을 그만두면서, 아침에 쓰는 미래 일기를 적었는데, 쓴 내용이 1년 반 만에 현실화되기 시작했다고 합니다.

아침에 쓰는 미래 일기에 '좋아하는 일을 통해 사람들을 기쁘게 하고, 힐링하는 일을 하고 있습니다!'라고 적었더니, 그로부터 1년 반 뒤에 저를 후원해주시는 분의 도움을 받아 세러피스트로 일할 수 있는 홈페이지를 개설하게 되었습니다. 1년 반이 지난 지금은 일기에 적은 대로 제가 좋아하는 일을 통해 사람들을 기쁘게 하고, 힐링하는 일을 조금씩 하고 있습니다.

'이런 일을 할 수 있으면 좋을 텐데……'라고 꿈꿔온 P 씨는 아침에 쓰는 미래 일기에 설마 실현되리라고는 생각지 못한 일을 적었습니다. 마음속으로 생각한 일은 눈에 보이지도, 귓가에 들리지도 않습니다. 하지만 그러한 생각을 글로 적기 시작하자 그때부터 글이 눈에 보이게 되었고, 그와 관련한 생각과 이미지가 떠오르기 시작한 것입니다.

"이미지를 떠올려보세요"라는 말만 들으면 '그게 무슨 뜻이지? 뭘 어떻게 떠올리라는 건데?'라는 의문이 들지만, "달을 한번 떠올려보세요"라는 말을 들으면 달의 모양이나 하늘에 달이 뜬 풍경 같은 이미지를 저마다 떠올리게 됩니다. 이와 마찬가지로 그저 막연히 생각만 하던 일을 글로 적으면 그와 관련한 생각과 이미지로 이어집니다.

P 씨는 틀림없이 이 밖에도 일과 관련한 생각을 아침에 쓰는 미래 일기에 글로 적었을 것입니다. 그리고 그런 글들이 또 다른 생각이나 이미지로 뻗어나가면서 어느 순간 자신도 모르게 그와 관련한 이야기를 하거나, 필요한 정보에 눈길이 갔을 것입니다. 결과로 이어질 만한 행동을 자신도 모르게 했을 수도 있습니다.

이런 식으로 아침에 쓰는 미래 일기에 적은 내용은 하나둘씩 실현되어갑니다.

happiness 4

별로라고 느낀 사람과도
관계가 좋아졌다

●

H 씨는 아침에 쓰는 미래 일기를 작성하기 시작한 첫날에 인간관계가 개선되는 경험을 했습니다.

첫날에 '내 생각을 행복하게 표현하고, 상대방에게도 행복하게 전달해서 원만한 인간관계를 형성했다'라는 식으로 누군가를 특정하지 않고 일기를 썼습니다.

그날 첫인상이 별로 좋지 않게 느껴진 사람을 만나게 되었는데, 저녁에 그 사람에게서 메시지를 받고 나서 그 사람에 대한 부정적 인상이 내 착각이었다는 사실을 깨달았습니다. 석 달이 지난 지금은 그 사람과 끈끈하고 좋은 관계를 이어가고 있습니다.

일기를 처음 써보는 거라 어떻게 써야 할지 감도 제대로 잡지 못했는데, 글로 적어서인지 '내 생각을 행복하게 표현하고, 상대방에게도 행복하게 전달해서 원만한 인간관계를 형성했다'라는 문장이 잠재의식에 새겨진 것이 아닐까 하는 생각이 들었습니다. 석 달이 지난 지금도 그런 의식을 제대로 유지하고 있는 것인지, 그 사람과 원만한 관계를 유지하고 있습니다. 마치 나 자신이 한 단계 발전한 듯한 기분이 듭니다.

인간관계로 고민할 때는 나도 모르게 "저 사람은 이런 점이 별로야. 마음에 들지 않아"라는 식으로 상대방을 비판하거나 "이렇게 바뀌어야 해"라는 식으로 상대방을 어떻게든 변화시키려고 합니다. 그러면 인간관계는 전혀 개선되지 않습니다. 거울에 똑같은 모습이 반대로 비치듯이 상대방도, 여러분도 서로를 바꾸려만 들기 때문이지요.

'지는 것이 이기는 것'이라는 심정으로 나를 먼저 바꾸면 상대방도 바뀌기 마련입니다. 아침에 쓰는 미래 일기를 작성할 때는 다른 사람에 대한 비판은 잠시 미뤄두고, 내 기분이 좋아질 글만 적어나갑니다.

'내 생각을 행복하게 표현하고, 상대방에게도 행복하게 전달해서 원만한 인간관계를 형성했다'라고 적은 다음, 기분 좋게 하루를 시작한 H 씨의 말이나 표정은 틀림없이 상대방에게도 밝고 상냥하게 비쳤을 것입니다. 혹시 자신을 오해하지 않았나 싶던 상대방도 H 씨의 밝은 분위기를 느꼈다면 '문자를 한번 보내볼까? 답장을 해줄 것 같은데……'라는 마음으로 저녁에 메시지를 보냈을 수도 있습니다.

가장 좋은 것은 내가 변하는 것

비슷한 예를 한 가지 더 소개해보겠습니다.

어느 날, 외국계 기업에서 팀장으로 일하는 여성이 "팀원이 협력해주질 않아 늘 우리 팀 실적이 저조해요"라며 고민을 토로해온 적이 있었습니다.

그래서 "팀원을 변화시켜 실적을 올릴 수 있도록 다그치지 말고, 팀원들의 장점을 찾아내 한 사람 한 사람에게 고맙다는 이야기를 해보세요"라고 조언했습니다.

그분은 제 이야기를 듣고 곧바로 실천에 옮겼습니다. 그러자 곧장 놀라운 일이 일어났습니다. '팀장님과 함께라면 뭐든지 하겠습니다'라는 식으로 팀원들의 태도가 급변하더니 글로벌 기업이던 회사에서 전 세계 1위의 실적을 내며 팀 전체가 표창을 받은 것입니다.

그분은 팀원들에게서 "팀장님과 한 팀이라 정말 다행이에요!" "팀장님을 위해서라면 뭐든지 하고 싶어요!"라는 말을 들었다며 감격에 찬 목소리로 자신에게 나타난 변화를 이야기해주었습니다.

누군가에 대해 '저 사람은 좀 별로인데' '좀 바뀌었으면 좋겠는데'라는 생각이 들 때는 상대방을 바꾸려 들지 말고 나를 바꾸는 것이 가장 좋습니다.

그렇게 하더라도 그런 나의 노력이 상대방에게 좀처럼 전해지지 않을 때도 많습니다. 그럴 때는 아침에 쓰는 미래 일기 한번 적어보세요. 틀림없이 긍정적 변화가 일어날 것입니다.

집착을 버렸더니
오히려 더 멋진 집을 짓게 되었다

●

40대인 Y 씨는 아로마 세러피스트로 활동하고 있습니다. 이분은 아침에 쓰는 미래 일기에 편히 쉴 수 있는 공간에 대해 적은 것을 계기로 집을 리모델링하게 되었다고 합니다.

7월 11일 시작~9월 10일 종료

Day 3에 '집이 마음 편히 쉴 수 있는 공간이 되어 손님들도 자주 찾아와 쉴 수 있다. 부엌과 화장실도 정말 좋다. 특히 부엌이 마음에 든다! 요리를 하는 게 즐겁다!'라고 썼습니다.

그로부터 8~10일 정도 지난 뒤, 갑자기 집 인테리어를 하자는 이야기가 나왔습니다. 이것도 하고 저것도 하자는 식으로 이야기를 하다 보니 아예 집 전체를 리모델링하자는 쪽으로 일이 진행되었습니다. 오랫동안 꿈꿔온 저만의 작업실도 만들 생각입니다.

사실 남편은 집을 고칠 생각이 전혀 없었기 때문에 '이 상태로 살아야 하나봐'하며 포기하고 있었습니다. 그래서 집착하는 마음을 버리고 편한 마음으로 아침에 쓰는 미래 일기에 앞서 말한 대로 적었습니다. 그랬더니 그동안 집에 대해 아무런 말도 하지 않던 남편이 갑자기 달라졌습니다!

아직 공사를 시작하려면 멀었지만, 리모델링 이야기가 조금씩 진행되고, 날마다 남편과 함께 새로 지을 집에 대한 꿈을 키우고 있습니다.

잔소리를 들으면 할 마음이 사라진다

여러분도 숙제를 막 하려는데 "너 숙제 했어? 얼른 해!"라는 부모님의 잔소리를 들으면 할 마음이 사라지다 못해 다 그만두고 싶어진 적이 있지요? 성인이 된 후에도 굳이 말하지 않아도 아는데 "이건 이런 거야"라고 참견하는 말에 솔직히 대답하지 못하고 "아니야, 틀렸어"라며 자기 생각과 다른 주장을 펼치거나, 그냥 입을 꾹 다물어버린 경험이 있을지도 모르겠습니다.

Y 씨의 남편은 '마음 편히 쉴 수 있는 공간을 갖고 싶다'는 아내의 바람을 예전부터 들어주고 싶었을 것입니다. 하지만 그런 자신의

마음을 모르는 아내가 자꾸만 공간에 대한 불평을 하니 솔직하게 대답하지 못하게 되었을 지도 모릅니다.

'집이 마음 편히 쉴 수 있는 공간이 되어 손님들도 자주 찾아와 쉴 수 있다. 부엌과 화장실도 정말 좋다. 특히 부엌이 마음에 든다! 요리를 하는 게 즐겁다!'라고 쓴 날부터 갑자기 남편이 인테리어를 새로 하자는 말을 꺼낼 때까지 8~10일 동안, 어쩌면 아내는 그동안 매일 하던 집에 대한 잔소리를 한마디도 하지 않은 게 아닐까요?

그 결과, 오히려 남편이 먼저 집과 관련한 이야기를 꺼낸 것일 수도 있습니다. 마치 잔소리를 듣지 않았다면 금방 끝내버렸을 초등학생의 숙제처럼 말입니다.

이 책의 공동 저자인 친구도 초등학교 때 "질문을 하자마자 다른 사람의 대답을 기다리지도 않고 먼저 대답하는 바람에 수업이 제대로 진행되지 않는다"라는 이유로 담임 선생님에게 "매일 책 한 권씩 읽고 노트에 독후감을 써서 제출해라"는 숙제를 따로 받은 적이 있다고 합니다.

담임 선생님의 이러한 작전 덕분에 친구는 하고 싶은 말을 참지 못하던 성격도 고치고, 차분히 기다리는 법을 배울 수 있었습니다.

    아침에 쓰는 미래 일기에도 조급한 마음을 내려놓고, 차분하게 기다리는 법을 배우는, 이와 비슷한 효과가 있다고 생각합니다.

happiness 6
불안한 삶에서
설레는 삶으로

●

A 씨는 70대 여성으로 앞서 소개한 '5,000만 원을 원한다고 썼더니 5,000만 원이 들어온' 사연의 주인공인 B 씨의 어머니입니다. 이분은 49일 동안 꾸준히 아침에 쓰는 미래 일기를 적은 다음, 저에게 메일을 보냈습니다.

9월 6일

아침에 쓰는 미래 일기를 7월 2일에 받아 그날부터 49일 동안 실천해본 결과, 앞으로도 일기를 꾸준히 써야겠다는 마음이 들었습니다. 새 일기장을 구할 때까지 연필로 따라 쓴 문장을 다시 파란색 펜으로 한 번 더 쓸 정도로 아침에 쓰는 미래 일기가 마음에 들었습니다.

긍정적이고 아름다운 문장을 정성껏 따라 쓰다 보면 어느새 그 의미가 마음에 깊이 새겨집니다.

항상 제가 바라는 일이나 긍정적 생각에 대해 적다 보니 저 자신도 점점 더 밝아지고, 적극적으로 생각하게 되었습니다. 저는 이제껏 걱정과 불안이 많아 저 자신을 비극의 여주인공처럼 생각한 적이 많았는데, 이제는 삶을 좀 더 밝고 즐겁게, 설레는 마음으로 살아가고 싶어졌습니다.

아침에 쓰는 미래 일기를 적으면서 바라던 일이 조금씩 저에게 다가오는 듯한 느낌이 들었고, 어느 사이엔가 하나둘씩 이루어지고 있다는 사실을 깨달았습니다.

예를 들어 한 달에 한 번 친구들과 모여 식사하던 모임을 코로나19의 영향으로 반년 동안이나 하지 못했고, 감염자가 계속 늘어나고 있는 상황이라 고령인 저희는 모임을 거의 포기하고 있었습니다.

그러다 아침에 쓰는 미래 일기에 '이사하기 전에 친구들과 만날 수 있었다. 오랜만의 재회로 우정이 더욱 돈독해졌고, 친구들에게 소개해주고 싶었던 책을 전할 수 있었다'라고 적었더니 얼마 후 정말 마스크를 낀 채로 무사히 만나 책도 건네줄 수 있었습니다.

그리고 일기장에 있는 메모란에는 그날그날의 몸 상태나 특별한 일을 적을 수 있어 유용하게 잘 쓰고 있습니다. 아침에 쓰는 미래 일기는 온통 좋은 점밖에 없어서 다른 친구들에게도 권하고 있습니다. 매일 일기를 쓰는 시간이 기다려집니다. 정말 감사합니다!

걱정하는 데 쓰는 시간이 너무 아깝다

A 씨처럼 노후의 삶을 불안하게 느끼는 분이 많을 것입니다. 전 세계적인 전염병 사태로 많은 것이 제한된 상황에서는 불안이 더욱 커질 수밖에 없습니다. 이런 상황에서 A 씨는 아침에 쓰는 미래 일기를 시작해 정말 다행이라 생각합니다.

수많은 가능성을 내포한 오늘이라는 시간을 아직 일어나지도 않은 일을 걱정하는 데 써버리는 것만큼 아까운 일도 없습니다. 여러분이 걱정하는 그 일은 현실에서 일어나지 않았으며, 오직 여러분의 머릿속에만 존재합니다.

어떠한 상황에서도 자유롭고 무한한 가능성을 내포하고 있는 것이 바로 우리의 마음입니다. 우리에게는 삶과 죽음 그리고 마음이 평등하게 주어지지만, 삶과 죽음은 우리가 자유롭게 결정할 수 없습니다. 우리가 자유롭게 움직일 수 있는 유일한 마음이 자유롭지 못할 때 사람은 불행해집니다.

아침에 쓰는 미래 일기를 통해 A 씨의 마음은 자유로워졌습니다. 그리고 어떤 상황에서도 행복해지는 방법을 발견했습니다.

우리를 둘러싼 사회는 시시각각 변화합니다. 변화를 불안하게 여기면 사람은 차츰 불행해집니다. 내 주변 상황에 상관없이 내 마음만큼은 자유롭다는 사실을 여러분이 기억했으면 합니다. 자유로워야 할 마음을 불안하게 만들고, 자유롭지 못하게 하는 것은 바로 자기 자신입니다.

여러분이 몇 살이든, 어떠한 상황에 놓이든 아침에 쓰는 미래일기를 통해 자유로운 마음을 되찾아 지금 눈앞에 놓인 행복을 만끽했으면 합니다.

happiness 7

나는 이미 소중한 것을
모두 가지고 있었다

●

S 씨는 세 명의 자녀를 둔 여성으로, 그 가운데 막내딸에게 장애
가 있습니다. 그동안은 "왜 나에게만 이런 일이 생기는 걸까?" 하
며 슬퍼할 때가 많았다고 합니다. 그러나 아침에 쓰는 미래 일기를
적기 시작하면서 S 씨의 마음에 변화가 일어났고, 그런 S 씨의 주
변에도 서서히 변화가 나타나기 시작했습니다.

7월 16일

아침에 쓰는 미래 일기를 적기 시작한 지도 오늘로 3주째입니다.
7월 2일부터 매일 아침에 쓰다 보니 이제 습관이 되었습니다. 아
침에 일어나 샤워하고 나와 상쾌한 기분으로 향긋한 허브티나 레
몬 우린 물을 마시면서 제가 좋아하는 파란색 펜으로 일기를 쓰
는 시간이 저에게는 가장 행복한 시간이 되었습니다.

오늘 아침의 주제는 '새로운 습관'이었기에 고민하지 않고 술술

적을 수 있었습니다.

일기를 쓰기 시작한 첫 주에는 내가 하지 못하는 일이나 나에게 없는 것을 원했지만, 이제는 '아, 나에게는 이미 모든 것이 있구나' 라는 사실을 날마다 실감합니다. 게다가 "늘 카드값이 왜 이리 많이 나오냐"며 불평하던 남편에게서 "부족한 벌이로 살림을 꾸리느라 힘들지? 고마워"라는 말을 듣고 깜짝 놀랐습니다.

이번 달에는 생활비가 예산을 초과해서 또 한마디 듣겠구나 싶었거든요. 그런데 오히려 고맙다는 말을 들어 정말 놀랐습니다. 앞으로도 아침에 쓰는 미래 일기를 계속 쓸 생각입니다.

8월 22일

49일간의 아침에 쓰는 미래 일기를 끝마치고, 이제 다시 두 번째 일기를 시작해 오늘로 52일째가 되었습니다.

아침에 나를 위한 3분간의 금 같은 시간.

세 아이의 식사를 준비하던 시절이었다면 이렇게 느긋한 시간을 보내지 못했겠지만, 아이들도 다 자라 아침에 쓰는 미래 일기가 언젠가부터 저의 즐거운 습관이 되었습니다.

아침 일찍 일어나 샤워를 한 다음, 맛있는 물을 한 잔 마시면서 차분한 음악을 틀어놓고, 좋아하는 아로마 향과 함께 일기를 쓰는

3분이 저에게는 최고로 행복한 시간입니다. 아침마다 오늘은 또 어떤 하루를 만들지 설레는 마음으로 일기를 적고 있습니다.

38일째는 제 생일이었는데, 여섯째 주의 주제가 '자신의 매력'이 었고, 그날 따라 쓸 문장은 '고마워요'였습니다. 이번 생일에는 남편에게 직접 "생일 축하해"라는 말을 들어서 정말이지 깜짝 놀랐습니다.

저에게는 다운증후군을 앓고 있는 막내딸이 있습니다.

첫째와 둘째가 성인이 되어 집을 떠난 후 남편과의 대화는 사라지고, 저 혼자 막내딸을 돌보며 불평불만을 쏟아내는 나날을 보내고 있었습니다. 그런데 아침마다 일기를 쓰면서 잠든 막내딸을 보니 귀여운 얼굴과 노래 부르며 즐거워하는 마음이 보였습니다. 아무것도 하지 못하지만 그 아이 안에 이미 모든 것이 있다는 사실, 나는 이미 모든 것을 갖고 있다는 사실을 깨닫기 시작했습니다.

저는 매일 아침 일기에 '오늘도 힘차게 하루를 보냈다'라고 적습니다. 하루도 빠짐없이 막내딸을 장애인시설에 데려다주는 10분 동안 딸과 제가 좋아하는 노래를 듣습니다. 특히 지난 5년간 좋아하는 가수의 콘서트를 함께 다닌 덕분에 그 가수의 전주만 들어도 바로 좋아합니다.

예전처럼 많이 놀러 다닐 수 없는 요즘이지만, 아침에 쓰는 미래 일기에 적은 대로, 다음 주에는 취소하는 일 없이 딸 친구의 가족과 여행을 갈 것입니다. 실제로 친구를 만나 즐거운 시간을 보낼 모습이 벌써 머릿속에 그려집니다.

9월 22일

아침 6시가 조금 지나서 일기장에 '가을에 열리는 워크숍에 가고 싶었는데, 주최 측에서 딸과 나를 초대해주었다. 감사합니다!'라고 적었습니다. 그랬더니 놀랍게도 정말 초대를 받았습니다. 원래는 비싼 참가비를 내야 하는 행사인데…….

딸이 먼저 초대를 받았고, 보호자인 내가 동행해도 되는지 문의했으나 답변을 받지 못한 상태에서 함께 출발했는데, 행사장에 도착했더니 사장님이 직접 자리까지 안내해주시는 VIP 대접을 받았습니다. 게다가 진행자가 여섯 시간 동안 열리는 대형 워크숍에 처음 참석한 막내딸에게 직접 말을 걸어준 덕분에 그 자리에 참석한 모든 이로부터 격려를 받는 놀라운 경험도 했습니다.

아침 6시가 조금 넘은 시각에 쓴 그날의 일기 내용이 실제로 이뤄진 하루였습니다.

희망의 불빛은 늘 나를 비추고 있다

S 씨는 사랑하는 아이가 다운증후군이라는 장애를 앓고 있어 모든 일이 뜻대로 되지 않는 힘든 나날을 보내고 있었습니다. 그러다 보니 '어째서 나한테만……' 하고 비관하면서 다른 사람에 비해 자신은 불행하다고 생각했습니다.

아침에 쓰는 미래 일기는 소중한 자기 자신과의 대화입니다. SNS에 보기 좋은 사진만 골라서 올리거나, 다른 사람에 대한 이야기를 하며 부러워하거나, 남을 의식해 말하고 행동하는 것이 아니라, 그 누구에게도 알리지 않고 조용히 자신의 속내를 들여다보는 시간입니다.

일기를 쓰다 보면 마음속 응어리가 점차 사라집니다. 다른 사람과 비교하지 않고, 이미 내 안에 있는 소중한 것을 발견할 수 있습니다.

이 세상에는 언제나 희망의 불빛이 타오르고 있습니다. 땅만 바라보던 고개를 떳떳이 들어 그 불빛의 존재를 알아차릴 수만 있다면 저 멀리 보이는 불빛을 향해 한 걸음씩 나아갈 수 있습니다.

먹구름 위가 아니라 내 곁, 내 마음속에서 줄곧 나를 비추고 있는 태양. S 씨에게는 그런 존재가 바로 막내딸이었습니다. 그 불빛을 따라 출구에 도착할 때까지 여러분의 곁을 가만히 지켜주는 존재는 바로 나를 위한 일기, 그리고 그 일기를 쓰고 있는 나 자신 입니다.

아침에 쓰는
미래 일기
Day 49

《아침에 쓰는 미래 일기》
공유 카페

소원이 이루어지는 경험을 공유하세요.

Week

1

소소한 행운

Before

마음에 들지 않는 일만
눈에 들어왔다.

→

After

좋은 일들을 보기 시작했고,
나도 모르게 '선택적 주의'를 활용한다.

년　　　월　　　일

아침의 3분은 금 같은 시간.
오늘은 기분 좋은 하루가
펼쳐질 것이라는 상상을
미래 일기에 적기 시작했다.

memo

년   월   일

뭐든지 경험이 중요하다.
일기에 적은 소소한 좋은 일이
실제로 일어나는 경험을 했다.

memo

즐거워야 계속할 마음이 생긴다.
미래 일기를 쓰는 일이
즐거워지기 시작했다.

---

memo

아침의 기분이 그날 하루를 좌우한다.
좋은 일에 시선을 돌리면
소소한 좋은 일이 생긴다.

memo

년   월   일

좋은 기분은 행운을 끌어당긴다.
오늘은 온종일 기분 좋게
지낼 수 있었다.

memo

년   월   일

뭐든지 받아들이기 나름이다.
오늘 내게 일어난 일을
긍정적으로 받아들일 수 있었다.

memo

모든 것은 이미 내게 주어져 있었다.
단지 알아차리지 못했을 뿐.
그 사실을 오늘 깨달았다.

memo

업무·집안일·공부

Before

싫다고 생각하면서
억지로 일했다.

After

관점이 바뀌어 일에서
재미를 발견하게 된다.

년   월   일

무슨 일이든 노력하기 나름.
손으로 작성해야 하는 문서를
연애편지 쓰듯이 정성껏 적었다.

----

memo

년   월   일

작업은 빠르게, 창조는 거창하게.
정해진 작업을 빨리 끝마쳐
창조적인 일을 할 수 있었다.

memo

모든 물질은 원자로 구성되어 있다.
내 몸을 어루만지듯
집 안 곳곳을 청소했다.

memo

애정이 맛을 좌우한다.
나 자신과 사랑하는 사람을
생각하면서 요리를 만들었다.

----

memo

년   월   일

옷은 내 몸을 보호해준다.
옷을 세탁하고 정리하는 일에
평소보다 정성을 들였다.

memo

모방은 배움의 시작이다.
성공한 사람의 습관을
따라 해보았더니 좋은 결과가 있었다.

----

memo
___

년   월   일

공부는 나를 강하게 한다.
미래에 도움이 될 정보를
머릿속에 입력하는 상상을 했더니
더욱 집중할 수 있었다.

memo

새로운 습관

Before		After
아무리 해도 몸에 배지 않는 습관이 있었다.	→	어떠한 것도 습관이 될 수 있다고 생각한다.

년   월   일

습관이 인생을 좌우한다.
이제는 필요 없어진 과거의 습관을
던져버렸다.

memo

나를 변화시키려면
거절할 줄도 알아야 한다.
내키지 않는 모임에
참석하지 않겠다고 연락했다.

memo

잠시 쉰다고 생각하면 편안하다.
버리고 싶은 습관을
오늘은 하지 않고 지나갈 수 있었다.

memo

년   월   일

결심의 강도와 결과는 비례한다.
나쁜 습관 한 가지를 버리기로
마음먹었다.

memo

일단 해보는 것이 중요하다.
오늘부터
새로운 습관을 하나 만들었다.

---

memo

년   월   일

쉬었다 하더라도
반복하면 습관이 된다.
새로운 습관을 오늘도 실천했다.

memo

년   월   일

습관이 나를 만든다.
의식하지 않고도 할 수 있는
새로운 습관이 생겼다.

---

memo

Week

4

좋은 기분

Before

항상 불쾌한 마음으로 지내서
좋지 않은 일이 생겼다.

→

After

기분 좋은 시간이 생겼고
좋은 일이 일어나기 시작했다.

년   월   일

기분을 망치는 영상이나 소리는
마음속에서 없애버렸다.
기분을 망치는 일들로부터
멀어질 수 있었다.

memo

년   월   일

평소에 보던 채널을 돌려버린다.
기분이 좋아지는 것만 보려고
의식적으로 노력했다.

---

memo

년   월   일

기분이 좋아지는 소리를 찾아본다.
그랬더니 귓가에 들리는 소리를
내 마음대로 고를 수 있게 되었다.

memo

년　　월　　일

내면으로 눈길을 돌린다.
내 기분이 좋아지는 일은 무엇인지
생각해볼 수 있었다.

memo

새로운 도전은
생활에 활기를 불어넣는다.
이제껏 한 번도 해보지 않은 일에
도전해보았다.

memo

천천히 느긋하게
마음을 안정시킨다.
늘 좋은 기분을 유지할 수 있게 되었다.

memo

년   월   일

내 기분이 앞날을 결정한다.
기분 좋게 지냈더니
좋은 일이 일어나기 시작했다.

memo

Week

5
풍요로움

Before

항상 '돈이 없어' '이것도 없어'
'저것도 없어'라고 생각했다.

After

이미 내가 가진 것에
관심을 갖기 시작했다.

특별한 풍요로움이 가득한 일상.
너무나 당연해서 평소에 깨닫지 못한
풍요로움에 대해 생각했다.

memo

내 삶을 풍요롭게 하는 도구들.
전기나 휴대전화를 쓸 수 있어
삶이 참 풍요롭다.

---

memo

31

늘 함께하는 나의 몸.
자유롭게 움직일 수 있다는
사실에 고마움을 느꼈다.

memo

년   월   일

살아 있기만 해도 이득이다.
지금 내가 누리는 풍요로움이
얼마나 희박한 확률로 주어졌는지
생각해보았다.

memo

년   월   일

누군가에게 도움을 주는
여유를 갖자.
사소한 친절을 베풀자 기분이 좋아지고
즐거운 일이 생겼다.

memo

눈에 보이지 않는 풍요로움.
느긋하고 여유롭게 지낼 수 있는 것
자체가 행복이다.

---

memo

년   월   일

모든 것은 이미 내 안에 있다.
있는 그대로의 모습에
감사하게 되었다.

memo

Week

6

자신의 매력

나만의 개성

Before

'이런 점이 싫어' '이런 건 못 해'
'매력이 없어' 하며 나를 비하했다.

→

After

나의 단점은 나만의 개성임을
깨닫고, 성장의 계기로 삼는다.

완전한 동그라미보다 불완전한
동그라미가 관심을 끈다.
단점이라 생각하던 것이 어쩌면
내 매력일 수도 있다.

---

memo

단점은 개성이다.
단점이라 생각한 것에 대해
"너다워서 좋아"하고 칭찬받았다.

memo

년   월   일

나만의 감사 포인트를 찾는다.
사람들이 "고마워"라고 말해주는,
내가 잘하는 일을 발견했다.

---

memo

좋아해야만 발전할 수 있다.
시간 가는 줄도 모를 만큼
열중하는 시간이 늘어났다.

memo

아쉬움은 기회를 낳는다.
간절했던 일을 할 수 있게 되면서
나에게 더는 적수가 없다는
사실을 깨달았다.

---

memo
___

집중하는 시간이 매력을 만든다.
자신감이 생길 때까지
열심히 연습하기로 마음먹었다.

memo

년   월   일

내면의 빛이 사람을 불러 모은다.
나 자신의 내면을 갈고닦는 법을
깨달았다.

memo

Week

7

싱크로니시티

Before

좋은 일이 생겨도 그저
단순한 우연이라 생각했다.

→

After

어쩌면 내 마음이 이런 일을 불러온
것이라고 생각하게 된다.

우연이라 생각하던 일에
실은 어떤 의미가
숨어 있을 수 있다.

memo

우연이 두 번 겹치면
필연이다.
오늘 똑같은 정보를 두 번 들었다.

memo

년   월   일

직감은 어렴풋한 감각이다.
우연한 선택이 계기가 되어
좋은 기회로 이어졌다.

memo

년   월   일

직감의 유통기한은 짧다.
문득 떠오른 생각을
곧바로 실천했더니 좋은 결과가 나왔다.

memo

신호를 알아차린다.
싱크로니시티가 일어나기 전에
신호를 알아차릴 수 있게 되었다.

memo
___

경험으로 확인해나간다.
자주 일어나는 일들을 통해
싱크로니시티가 존재한다는 사실을
확신했다.

---

memo

년   월   일

인생에 우연이란 없다.
모든 일은 필연적이며,
중요한 경험이라고 생각하기 시작했다.

---

memo

나의 행복이 세상을 행복하게 합니다

아침에 쓰는 미래 일기를 49일간 적어보니 어떠셨나요?

여러분에게 바란 것은 책에 소개한 문장을 정성껏 따라 적고, 자신에게 일어났으면 하는 일을 이어서 적는 것뿐이었습니다. 하지만 아침에 쓰는 미래 일기를 즐겁게 꾸준히 적으려면 아무래도 혼자 하는 것보다 실제로 이루어진 일을 공유할 수 있는 친구가 있는 편이 좋겠지요.

인터넷상에 실제로 이루어진 일을 서로에게 보고하는 공간이 마련되어 있습니다. 여러분도 함께 참여해 자신의 경험과 일기 쓰는 법을 공유해보기 바랍니다.

'실천 편'의 맨 앞쪽에 소개한 QR코드 혹은 네이버 카페 〈아침에 쓰는 미래 일기 (cafe.naver.com/futurediarymorning)〉를 통해 여러분의 바람이 실제로 이루어진 경험을 다른 사람들과 공유할 수 있습니다.

이 책을 공동 집필하게 된 것은 저희 두 사람이 저마다 다른 시기에 비슷한 경험을 겪었기 때문입니다.

마유미 씨는 몇 년 전에 어떤 비전을 보았습니다. 마음속에 불이 켜지고, 그 불빛이 마치 잔잔한 수면 위에 떨어진 물방울처럼 파문을 일으켜 순식간에 온 지구를 감싸는 광경이었습니다. 그 비전을 본 뒤 입에서 흘러 나온 말은 바로 "세계 평화를 이루는 법은 간단해"라는 것이었습니다.

히로미 씨도 창업한 지 얼마 지나지 않았을 무렵, 어떤 비전을 보았습니다. 한 영혼이 빛을 발하더니 그 빛이 온 가족에게 퍼졌고, 이윽고 숨이 멎을 만큼 황홀한 파란색 빛이 주변으로 흘러 나오기 시작했습니다. 그 빛은 다시 이웃집으로, 거리로, 전국으로, 다른 나라에까지 퍼져 지구 전체가 온통 파랗게 빛났습니다. 그러한 광경을 본 순간, 히로미 씨는 '내가 행복해져야 세상이 평화로워진다'라는 사실을 깨달았고, 이러한 깨달음을 책으로 출간하기로 마음먹었습니다.

여러분이 행복해지면 주위 사람들도 행복에 전염됩니다.

캘리포니아 대학교 샌디에이고 캠퍼스의 정치학과 교수인 제임스 파울러(James Fowler) 박사와 하버드 대학교 의학대학원의 니컬러스 크리스태키스(Nicholas Christakis) 교수는 약 20년 동안 약 4,700명의 데이터를 추적 조사한 결과, 행복이 3단계 거리에 있는 사람에게까지 전염된다는 사실을 밝혀냈고, 이를 2008년에 논문으로 발표했습니다. 예를 들어 여러분이 행복해지면

　① 여러분의 여동생

　② 여동생의 남자 친구

　③그 남자 친구의 어머니에게까지도 행복이 전염된다는 의미입니다.

여러분이 할 수 있는 유일한 일은 바로 여러분 자신이 행복해지는 것입니다. 우선 여러분의 세계를 사랑과 평화, 희망, 풍요로움이 가득한 곳으로 만들어보세요. 그것이 여러분이 할 수 있는 유일한 일이며, 그것만으로 충분합니다.

여러분이 행복해지면 그러한 행복이 여러분 곁에 있는 가족, 친구, 직장 동료는 물론이고 여러분이 속한 커뮤니티, 국가, 그리고 전 세계로 퍼져나갑니다. 사람들은 흔히 나 하나 바뀐다고 해서 세상이 달라지지 않는다고 생각하지만, 절대 그렇지 않습니다.

　사실 우리 한 사람 한 사람은 본인조차 믿지 못할 만큼 어마어마한 힘을 가지고 있습니다.

여러분의 세계는 여러분 자신이 만들어가는 것입니다. 그러니 언제든지 그 세계를 자유롭게 바꿔나갈 수 있다는 사실을 기억하시기 바랍니다.

여러분의 세계가 늘 행복하고 평화롭기를 소망합니다.